衝破香港暗夜的曙光

雷鼎鳴
陳莊勤
邱立本
屈穎妍
邵盧善
楊志剛
阮紀宏
周八駿
劉瀾昌
潘麗瓊
陳文鴻
何漢權
陳建強
馮煒光
江迅
（排名不分先後）

序　衝破香港暗夜的一線曙光

邱立本

香港國安法的出現，成為香港政治局面變革的關鍵，讓恣意分裂國土的組織與行動，不再以言論自由之名，在這城市橫行無阻。近年香港高舉英美國旗、要求美軍登陸香港的示威者，開始在新的法律下發抖了。因為國安法立法，讓「亂臣賊子懼」，讓那些以為香港是一個「無掩雞籠」（粵語，指完全不設防）城市的人，如今都紛紛説要逃亡海外。

國際商界普遍對國安法表示歡迎，因為這會結束香港社會動亂的「不確定性」。近一年來香港反修例風波淪為黑衣人暴力，破壞商場、港鐵、鐵路、堵塞公路，不僅讓居民受害，也讓國際投資者憂慮，尤其是星巴克、麥當勞等美資企業被攻擊，損害美國商業利益。因而香港的國安法立法，勢將阻嚇這些不法勢力的蔓延。

不過有些香港市民擔心，國安法立法，在很多反對派的斡旋下，變成了「無牙老虎」，看似威猛，但實踐上還是要依靠香港的司法系統，而法官的判決往往有太多的「自由心證」，最後案子會不了了之。

根據近年判決的總結，香港法官有一半以上是「黃絲」，都偏向反對勢力與港獨分離主義，要求他們秉公處理，毋寧緣木求魚？一些法官更擁有外國國籍，或是有幾本護照，過去在反修例事件與黑暴事件中，都輕放那些犯下嚴重罪行的暴徒，曲予維護，為港人所詬病，如今將國家安全的司法正義交託給這個群體，讓很多港人心裏不踏實。

從人權與言論自由來說，香港可說是世界前列，香港主流媒體每天都以攻擊港府與北京當局為主旋律，港人早就見怪不怪。但問題是近年出現很多的「假新聞」，如說香港警察在反修例事件中殺了三千多人，有警察在警局強姦女性犯人等，都是某些群體深信不疑的事實。但更離譜的是，由香港政府全資支持的《香港電台》卻常常推出很多惡評港府與北京的新聞，立場被指偏頗。這等於是用全體納稅人的錢來支持一個反對派媒體。台灣公視敢去罵蔡英文與民進黨嗎？最近美國政府出錢經營的美國之音就由於被指立場不是站在政府那一邊，管理層被炒魷魚，引起軒然大波。但《香港電台》的主管至今還穩坐釣魚船，這不就證明，香港的新聞自由勝過美國了嗎？

但香港卻亟需國安法立法，因為近年在社會上流傳很多分離主義的論調，並轉而組織發展成為街頭打砸燒的一股力量，危害香港的穩定。一些示威者高舉「香港獨立」的標語，並且要求外力介入。這都觸犯了北京的底線，也觸犯了任何國家的底線。但香港的反對派動員了所有力量來妖魔化香港的國安法，美英與歐洲議會也出來譴責，說是損害香港「高度自治」與一國兩制。但香港的「高度自治」與一國兩制都不能讓香港獨立，讓外國來重新殖民香港。這是全球中國人最基本的底線。

但深一層看，國安法其實只是第一步，要徹底解決香港的分離主義禍害，必須面對當前香港在教育、司法、媒體三大領域「失守」的窘境。很多在黑暴事件中非常活躍、而最後被抓捕的年輕人，有些甚至是初中生與小學生，這顯示反對派與港獨勢力動員之深，對新一代的「洗腦」已到了無孔不入的地步，背後的力量就是教師隊伍，在「教協」組織與高度動員下，教師就不斷灌輸「違法達義」的思想，因而這些中小學生就變成了「黃衛兵」，可以到處打砸燒、堵路、製造汽油彈，成為徹底的本土恐怖分子。如何整頓香港的教育，「救救孩子們」，恢復流失的「中國人」認同，才是香港撥亂反正的關鍵。

司法部門的敗壞，也是香港的禍害。主要是不少法官立場先行，不問是非與事實，導致很多暴力罪案被輕判，如毀壞國旗只判社區服務令，毆打警察也被輕輕放過，都讓人對司法的公正性感到寒心。

媒體也是大問題，除一些主流媒體的「腥色羶」外，一些鼓吹分離主義的言論也愈來愈多，再加上自媒體的崛起，不斷將警察、港府、北京妖魔化，散播大量假新聞，誤導社會，而很多受眾都是生活在網絡世界的「同温層」裏，交叉感染形成了一個扭曲的社會。

因此要扭轉局面，就需要針對香港社會的深層問題，大刀闊斧變革。國安法其實只是第一步，如果沒有提出在教育、司法與媒體的改革路徑，那麼國安法只是治標不治本。

香港人也要厚植積極的力量，在一國兩制下，將香港建設得比以前更好，比殖民時期更好。香港有很多卓越的成就，但一切都要在「一個中國」前提下進行，讓香港成為中國現代化的先鋒，而不是成為國家建設的包袱。香港的國安法放在全球標準，比起美國與英國都是最寬鬆的。如果西方還在拿香港國安法來「説事」，那其實是折射西方勢力的別有用心，借此來蠱惑全球輿論，削弱中國上升的力量。香港人能不慎乎！

目錄

第二章
從「和理非」到「黑衣暴力」

第三章

止暴制亂　拒絕沉默

第四章

區選後的香港政局

第五章

暴力瘟疫後漸露曙光

作者簡介

陳莊勤

資深律師，曾為香港民主黨創黨成員。早於上世紀七十年代中學時期參與第一次保釣運動，在大學年代為香港大學學生會核心活躍分子。過去三十多年一直關心香港及中國內地政治及社會發展，不時發表政論及社會觀察文章。

劉瀾昌

香港資深傳媒工作者，時事評論員。中國人民大學新聞系學士、碩士和博士。曾任職香港《開放雜誌》、《經濟日報》、《星島日報》、《蘋果日報》、鳳凰衛視、亞洲電視等媒體；策劃製作《解密百年香港》等電視特輯；主持政論節目《把酒當歌》。著有《香港一國兩制下的新聞生態》、《aTv 絕密文件》等。

潘麗瓊

香港資深傳媒人。畢業於香港大學，曾任《信報》編輯、《明報》採訪主任、《東週刊》及《壹週刊》副總編輯、天地出版社副總編輯及香港電台《自由風自由 Phone》客席主持人。現為《頭條日報》及《明報》專欄作者，撰寫專欄《幸福摩天輪》及《女人心》。

江迅

《亞洲週刊》副總編輯，中國作家協會會員，香港新聞工作者聯會理事。獲二十多項中國及港、滬、京等地文學獎和新聞獎。在上海、台北、吉隆坡、香港、新家批多家傳媒撰寫專欄文章。已出版《朝鮮是個謎》、《倪匡傳：哈哈哈哈》等二十多部作品。

屈穎妍

作家、時評人。曾任《壹週刊》副總編輯、香港浸會大學新聞系兼任講師，現為香港電台教育節目主持及《頭條日報》、《大公報》、《經濟通》、《港人講地》、《HKGPao》等報刊及網站專欄作家。

陳建強

香港專業人士協會會長及香港傑出青年協會常務副主席。銅紫荊星章，太平紳士，二〇〇四年香港十大傑出青年。身兼香港電台顧問委員會主席、香港城市大學校董會成員、優質教育基金委員會委員、香港房屋委員會資助房屋小組委員會委員、公眾集會及遊行上訴委員會委員等公職，曾為基本法推廣督導委員會海外人士工作小組召集人，並定期於電視、電台、多份中英文報章及周刊發聲。

何漢權

現職國史教育中心（香港）校長、教育評議會主席、風采中學校董、香港大學中史碩士同學會會長及同心教育基金會長。常就學生成長、家庭教育、教育政策、教學專業及國史教育等課題在各大報章撰文，以及被大專院校及中小學邀請擔任講者。現亦為《信報》、《星島日報》、《亞洲週刊》等媒體之專欄作者。公職有團結香港基金創會顧問、全國港澳研究會理事、香港電台節目顧問、第一屆至第四屆選舉委員會委員（教育界）等，散文著作有《有教無懼》、《驕陽引路》、《是一場春風化雨》、《教育茶餐廳》及《全在教育》，學術著作有《曾國藩家庭教育思想研究》《危機與出路：香港特別行政區回歸前後中學中國歷史（國史）科》及《回歸二十年──香港青年政策何去何從》等書。

阮紀宏

先後在加拿大溫莎大學、香港中文大學和北京大學獲得學士、碩士和博士學位。曾任香港《文匯報》記者、駐京記者，《香港商報》編輯主任、副總編輯，《明報》副總編輯、副主筆。現於香港浸會大學與北京師範大學合辦的聯合國際學院任教新聞專業，並在香港媒體撰寫時事評論。

楊志剛

香港浸會大學協理副校長，香港中文大學新聞傳播專業應用教授。曾任香港科技大學發展和公共事務處長、香港貿發局駐澳洲及新西蘭代表。

雷鼎鳴

芝加哥大學經濟學學士，明尼蘇達大學經濟學博士，香港科技大學榮譽大學院士。曾任香港科技大學經濟系系主任，一九九一年獲美國紐約州立大學經濟系終身教職。曾在國際頂尖學術期刊發表多篇論文，並著有《民主民生的經濟解讀》、《幫助香港算算賬》等十三本作品。現為香港科技大學經濟學系兼任教授。

周八駿

香港資深評論員。發表關於中國改革開放和香港問題的著作七部，評論逾千篇。

邱立本

《亞洲週刊》總編輯。二〇〇六、二〇〇八及二〇一二年被中國網民選為一百位公共知識分子之一。二〇一〇年獲星雲真善美新聞獎；二〇一一年獲 SOPA 最佳評論獎。畢業於台灣國立政治大學經濟系，曾任台北《中國時報》編譯，獲紐約 New School Social Research 碩士，柏克萊加州大學研究員。曾出版《匆忙的文學》、《新聞激情筆記》、《文字冒險家》、《保釣・風雲・急》、《香港民主不能失去中國》、《誰讓「港獨」的子彈飛？》、《民間中華爆發力》、《ABC 改變中美未來》及《任正非對決特朗普》等。

馮煒光

資深公關顧問，現為滔豐（Kredito）公共關係行政總裁。曾於二〇一三年十二月至二〇一七年六月三十日出任梁振英政府的新聞統籌專員。出任政府公職前，曾為香港民主黨創黨司庫，並出任該黨中央常務委員多年。先後獲得香港大學社會科學學士、上海財經大學工商管理碩士學位，現為華中師範大學近代史博士研究生。曾任香港大學學生會會長、香港專上學生聯會會長及香港特別行政區《基本法》諮詢委員會委員。

邵盧善

香港電台前台長、助理廣播處長，曾任《工商日報》副社長及總編輯、社會政策研究顧問有限公司總裁。

陳文鴻

香港珠海學院一帶一路研究所所長。

第一章

佔中落幕　風波又起

二〇一九年四月二十四日，參與發起二〇一四年非法佔領中環運動的九人皆被判有罪，除張秀賢因案發時未滿二十一歲而被判兩百小時社會服務令外，其他人被判囚八至十六個月不等。戴耀廷、陳健民、邵家臻和黃浩銘需即時入獄；朱耀明、鍾耀華和李永達獲判緩刑兩年。其中，陳淑莊因腦有腫瘤需動手術，法官押後至六月十日判刑，最終被判囚八個月，緩刑兩年。

歷時四年多，佔中案的判決終於在形式上畫上了句號。然而，佔中九人在香港社會埋下的火種並未完全撲滅，在二〇一九年的春天藉由《逃犯條例》修訂一事復燃。

五月十一日，立法會《逃犯條例》修訂法案委員會召開第三次會議，建制派和泛民主派分別召開「法案委員會」，被稱為「鬧雙胞」，會議期間爆發激烈肢體衝突，雙方皆有數名議員報稱受傷，至中午會議暫停。此次會議被外媒評為「香港立法迄今最嚴重分歧」。

至五月底，在泛民人士的煽動下，社會上對修訂《逃犯條例》的不滿情緒逐漸加深，英美等外國勢力陸續發聲反對《逃犯條例》修訂。六月九日，民陣發起第一次反修例遊行，並宣布約有一百零三萬人參與上街，警方表示在最高峰時有二十四萬人。

是時候找佔中九人討債了

屈穎妍

有人稱他們英雄，有人叫他們烈士。我可沒見過英雄講話不算數，亦未見過烈士在斷頭台上哭，更何況，今日不是斬你頭，只是請你找數、要你還債。

說的，是發起佔中、被法院判處罪成的九男女。

牧師朱耀明說上庭前抱着孫兒相擁痛哭，戴耀廷聽了亦低頭垂淚。我不禁問：現在才哭？你們可知香港人已哭了幾年？可知因佔中被影響的小商戶、被撕裂關係的小家庭，哭到現在？

冤有頭，債有主，九男女被判煽惑罪成，即是說，佔中的債，我們找到認頭人了。今天我在此呼籲，所有因佔中引致金錢損失的市民，是時候找他們討債了。

追討辦法很簡單，只要受害者在小額錢債審裁處網頁下載表格，或親自到西九龍法院內的小額錢債審裁處資訊中心索取，再提供一些因佔中導致經濟損失的文件作證據，就可不費分毫，入稟向九男女追討，每宗最高賠償額七萬五千元。

最重要的是，此乃民事索償，毋須律師，交份表即可，小市民不必擔心因對簿公堂引致天價律師費的危機。

當然，佔中造成的社會遺害，絕非小額錢債，而是歷史性的破壞，但作為小市民，我們手無寸鐵，我們無權無勢，能做的只有這步。

團結就是力量，大家行動吧，讓那些毀滅社會、毀掉下一代的人，也嘗嘗一無所有的滋味。佔領中環，佔了要還！

佔中運動因窩囊的帶頭人而顯得可笑可悲

陳莊勤

二〇一四年十二月「佔領中環」落幕，四年後佔中的三位發起人及其他六位佔中推動者，被控煽惑他人干犯公眾妨擾等罪名，在二〇一八年十一月開審。擾攘了幾個月，主審法官在二〇一九年四月以二百六十八頁紙的英文裁決書説明理由裁決九人罪成。發起人戴耀廷及陳健民，被裁定兩項罪成，包括串謀干犯公眾妨擾罪、及煽惑他人干犯公眾妨擾罪成。另一發起人朱耀明則被裁定串謀干犯公眾妨擾罪成。其他六名被告亦分別被裁定煽惑他人干犯公眾妨擾，和煽惑他人煽惑公眾妨擾罪成。

作為佔中概念發起者的戴耀廷及陳健民被判入獄十六個月，即時入獄；朱耀明則被判十六個月刑期但獲緩刑。另外兩名被告被判監八個月，即時入獄。餘下的四名被告中三人則分別被判刑期獲緩刑，或社會服務令。唯一仍未判刑的是立法會議員陳淑莊。因她發現腦部腫瘤須動手術，陳淑莊獲法官同意把判刑押後到六月後。

他們曾這樣煽惑年輕人違法

二〇一四年，示威者佔領香港島中區要道癱瘓要道交通兩個多月，長時間妨擾公眾正常生活，嚴重阻撓社會經濟正常運作。更重要的是，戴耀廷作為港大法律系教授，鼓吹「違法達義」邪説歪理，荼毒年輕人走向為達到自己目的而肆意違法的歪途，與傳統主流社會的依法守法價值相違背。戴耀廷向年輕人宣揚「違法達義」歪理製造世代矛盾、撕裂社會。雖然他在佔中前已明言要「違法」以「達義」，豪言會認罪就義；但面對檢控，卻無恥地食言，為求脱罪寸土必爭，在法庭糾纏數月。他最後罪成及被判刑只可以説是罪有應得。

佔中的發起人及與他們一起煽惑年輕人犯法的被告堅持戴耀廷所謂的「違法達義」。而問題便是這個「義」字。每一個人對於什麼是「義」會有不同的理解，佔中發起者的問題是他們強把自己心目中的「義」強加於整個社會，從而把自己鼓吹的違法行為合理化。

但什麼是「義」？即使是發起佔中的三個人對「義」也説不清，有不同的側重。年紀最長的朱耀明是牧師，他心目中的「義」，是宗教性的；「義」對陳健民來説是學術性、也是政治性的。而對戴耀廷來説，他心目中的「義」又是什麼？

從戴耀廷一直以來的言論，可見他口中的「義」只有煽惑人心、極度煽情而無內涵。就如曾同屬泛民的前立法會議員黃毓民先生，在觀察二〇一三年戴耀廷為倡議佔中而進行的宣傳後，曾這樣評價他：「海外的佔領行動，修辭平實，現在戴耀廷主導的佔領中環用詞卻日益濫情，用『愛』與『和平』去佔領，語意自相矛盾……戴耀廷更在台上聲言：『愛與和平的力量很大，大得連坦克車的裝甲也能穿透』，這已經是近乎義和團式的夢囈了。」

戴耀廷所說的「義」便是這樣的夢囈。用這樣近乎義和團式的夢囈去煽惑年輕人違法，法庭給予他懲罰是必須的，不單是作為對他的懲戒，更是作為對崇拜他的「夢囈」而甘願違法的年輕人的警誡。

為求脫罪的窩囊表現

在法庭對佔中九人作出判刑後，支持他們的泛民政客、政黨及團體，特別是那些佔中時大義凜然、擺出一副為理想而視死如歸模樣熱中政治的政客大律師，表現出來的卻是孜孜計較判刑輕重的窩囊狀棍。完全失掉了當日豪言為理想而無畏無懼、視死如歸的吞天氣概。

很多評論已指出，自由民主典範的英美，對違法行為也毫不姑息。二〇一一年英國倫敦騷亂期間警方拘捕了三千人，起訴一千七百多人，三百七十一人被判刑。同年美國發生短暫的佔領華爾街，美國警方拘捕七百多人，二十人被刑事檢控。「佔領中環」持續七十九天，嚴重破壞社會秩序、傷害經濟與民生，香港警方才檢控了九人，獲判入獄的才四人。

西方媒體與政客以至前港督彭定康先生對特區政府法律追究佔中搞手違法行為的刑責大肆抨擊，是赤裸裸的雙重標準。而這些在佔中前口口聲聲說要「違法達義」，為公義不惜入獄的所謂「壯士」

在面對被追究刑責時卻大聲疾呼司法不公。若真的有司法不公，那便是一次又一次特區法庭在審理涉及這些人的案件時對這些人太優待了。

佔中九人被裁定罪成後，用盡各種方法與理由、動用了所有的社會關係代為説項，務求令法官輕判。雖然主審法官在判刑時説明，只考慮被告是否違法，並不考慮被告的政治理念，和表示法庭無意要求被告放棄他們的政治理念或政治訴求，而只關注各被告對他們的違法行動造成對公眾的傷害毫無悔意；但相對於重判佔中時在巨大壓力下犯過失的警務人員，讓人看到的是法官對佔中搞手量刑的寬容，已反映了法官個人對佔中被告人所持政治理念的態度已影響到法官的判刑。

支持佔中者，不乏香港一些熱中政治、個別甚而曾經是核心泛民政客的知名大律師。佔中九人當中，個別代表他們糾纏官司兩年的便是這些具強烈政治傾向的大律師。這些由法律援助處按當事人要求委任、由特區政府結帳付款為佔中被告聘請的個別大律師，在法庭便是接受公帑賺一大筆政府錢以法律與大律師身分為掩護宣揚他的政治理念，走出法庭換個身分便更毫無懸念地基於自己的政治立場公開攻擊政府施政與政策。

在這樣背景下，佔中九人的審訊已不是純法理與法律的審訊，而是以法庭為平台宣揚政治信念、和以政治立場為爭拗理據。這樣的審訊，能真正的公平嗎？

違法與煽惑年輕人違法的佔中發起人被諸多呵護輕判，佔中期間為維持秩序行為過了火的警務人員與退休警務人員卻往往被毫不留情地重罰；自認為擁有崇高政治理念的即便違法也可以被輕判，為維持社會秩序制止違法承受巨大壓力而不自覺超越了法律要求的便屢屢被重罰，這是法律上的公平嗎？

一直支持佔中的港大法律系教授、本身亦是大律師的陳文敏教授，在電台節目中援引英國案例，斤斤計算佔中發起人的判刑應是十六個月還是更輕的刑期，而質疑法官判決佔中發起人沒有悔意和沒有向公眾道歉的事實判斷。在香港，這便是一些代表被定罪的流氓地痞的律師、大律師為求法官輕判他們的當事人，而慣常在法庭向法官提出的求情理據和伎倆。

佔中搞手委託代表他們的大律師，以這種狀棍式的斤斤計算，應用在曾豪情壯語要從容就義的佔中九人量刑求情，實在有一點反高潮。這已不再是為理想豪邁地「公民抗命」及「違法達義」的社會運動家氣節。只是精心計算、爭相逃責搞事者的窩囊小技。

從佔中發起者起初的「違法達義」豪情壯語、無畏無懼、大聲疾呼無懼入獄的豪情，到被檢控後為求脱罪推卸刑責而官司打到底，到被判有罪為求輕判脱身而翻書揭典爭辯，什麼伎倆都用上。究竟這是一班什麼樣的社會運動領袖？整個佔中運動的焦點變成了已不再在爭取民主，而在謀求為搞事者脱罪避罰；整個佔中運動已因為他們的領袖這種窩囊而變成了可笑亦可悲的鬧劇。

甘地與公民抗命

公民抗命的先驅印度聖雄甘地在二十世紀二十年代，為結束英國在印度的殖民統治發動不合作運動。在一九二二年他因發表三篇鼓動他人參與不合作運動的文章而被逮捕，控以煽動叛亂罪。甘地先生沒有如香港發動佔中的窩囊領袖那樣斤斤計較控罪及控罪內容和判刑。

甘地在法庭上第一時間對法官坦然認罪，並且不要求寬恕。他為自己的行為這樣解說：「為這在法律上認為是故意犯罪、但在我眼中是公民應承擔的最崇高責任，我請求並且會愉快地接受可以加諸我身上的最重懲罰。」

甘地所說的最崇高責任便是「公民抗命」中的必要元素——為「公民抗命」而違法和坦然承認罪責，所彰顯的便是一位公民抗命運動領袖大義凜然作出犧牲及承擔責任的風範。

回到香港，「公民抗命」的是這些為求脱罪、為逃避刑罰而官司打到底、上訴到底、如此窩囊的所謂「佔中英雄」，誤導了一班熱血為理想而斷送前途的年輕人。面對「公民抗命」鼻祖甘地先生，不知道這些自詡與被詡為佔中的英雄勇士的人，有沒有為他們的虛偽、誤導、荼毒和傷害了一代年輕人而感到羞愧。

用知識誘騙港人的學者，惡過黑社會

屈穎妍

公民黨創黨黨魁余若薇在臉書上發起「黃著行動」，呼籲大家穿黃衣，聲援被判罪成的佔中九男女。

不知大家是否留意街上行人，我就刻意觀察，路邊黃泥倒是有幾灘，別說黃衣，連鬼鬼祟祟掛在手袋的黃絲帶我都沒見過一條。證明市民已覺醒，也多得余若薇余大狀提醒，大家這陣子都會避穿黃，免得被誤會為腦殘一族。

余若薇的臉書號召，還用了她的書法墨寶作配圖，上書帖文：「生於亂世，有種責任」。我本來頗欣賞余若薇的剛勁書法，可惜一手好字卻用來寫歪理，玷污了毛筆宣紙，更玷污了中國藝術。

二十幾歲沒見過世面的年輕人說這種話，我還可以原諒他們無知，但一個六十五歲的大狀、前立法會議員、政黨黨魁、三女之母，竟然說得出這八個字來愚弄大眾，對不起，那是絕對不可饒恕。

亂世？你有本事對着敘利亞人民說多次你生於亂世？亂世你可以住半山幾千呎大屋？亂世你女兒可以讀學費高昂的國際學校？再到英美名校留學？嫁女時在五星級港麗酒店包廳擺酒？亂世你可以攬着醫生老公一起弄孫為樂？我見識少，這種富貴的亂世，我真的未見過。

如果，犯法後被判有罪就是亂世的表現，那余大狀你的法律是枉讀了。這陣子幾乎每天都聽到你在電台、電視、報章、網媒以法律專家身分，去抨擊法官對佔中罪犯的判決，我真的很混淆，你還相信法律嗎？你還捍衛法治嗎？管他天子還是庶民、管他牧師還是教授，犯了法要受罰，這不就是法治精神嗎？

這些年，我最討厭一種人，就是擁有淵博學問、豐富經驗、專業知識，卻拿這些寶貴本錢去歪曲事實、誘騙百姓。佔中後，我看到很多曾經尊崇的學者、曾經敬佩的專家，一個一個，像嗑了藥、像中了邪，不斷用他們的學問、智慧去誤導大眾，尤其教唆一無所知的年輕人。原來，讀書人作惡，比黑社會作亂，遺禍更深更遠。

香港教育界議員在其位，不謀其政

何漢權

一九九七年，香港回歸後，政制平穩過渡，立法會在香港政治、經濟、民生的綜合發展上，繼續承擔重要角色。受民意所託的尊貴議員們，如能正視「一國」與「兩制」緊密不可分的關係，於香港特色的民主直選與功能組別內各自發揮，認真履行監督特區政府施政的職責，「東方之珠」會更璀璨！香港地理位置優越，水深港闊，為世界航運、金融樞紐，加之有祖國大陸作後盾，先天足、後天培育好，「香港好、國家好，國家好、香港更好」言簡意賅！

讓人扼腕的是，回歸以來，一些只懂把玩民意、喜歡扭曲歷史的反對派立法會議員，串連部分大學教授、教會牧師，完全漠視「一國」在前的憲法基礎，更不惜以違法手段，一次又一次煽動群眾，特別是蠱惑年輕學生，高喊亂世，製造悲情，實行非法佔中。

「佔領」一詞，明顯有濃烈的君臨天下和極強的侵略意味。歷史事實是，二〇一四年九月二十八日開始的七十九日非法佔中，佔領了金鐘、銅鑼灣，堵塞了旺角，這七十九日無法無天。小市民的經濟損失固然慘重，但受到最大傷害的就是香港向來引以為榮的法治制度。一不做二不休是政治狂飈之徒的本質。終於，到了二〇一六年農曆新年，旺角出現掟磚的流血暴亂，當時，毫不留情向維持秩序的警員擲飛磚的，不少都是年輕人。

今天，部分煽動者被法庭判處有罪之餘，從教育角度看，必須追問，代表教育界的立法會議員在這幾年的政治風波中，由語言暴力到違法，再到磚頭暴力出現的過程裏，扮演了怎樣的角色？他有勸喻年輕人守法嗎？抑或反而親身參與非法佔中行動？又為何對近年一波又一波校園內的違法衝擊行為置若罔聞，採取無可無不可的公開表態？

違法就是違法，暴力就是暴力，對代表教育界的立法會議員來說，實在有必要拿點道德勇氣出來，從二〇一二年佔領政府總部，到二〇一四年非法佔中，再到二〇一六年旺角磚頭暴亂，代表教育界公開做個說明，做個認真的檢討！

法庭判處佔中九人全部有罪後，教育界立法會議員接受傳媒訪問，說如果警方要再拘捕其他非法佔中參與者的話，他將會以平常心面對。一句「平常心」說得何其輕鬆！學界就拭目以待吧。或許從教育角度要再問一句，二〇一四年非法佔中期間，教育界立法會議員做了些什麼？

香港發展速度比內地慢的兩個原因

周八駿

香港在發展，但是不快。二〇一七年，林鄭月娥在競選行政長官時公開表示，她對新加坡經濟增長快過香港頗感不忿，就是一例。西九龍文化區建設近幾年有了眉目，但是，那塊東以廣東道、北以西區海底隧道入口和柯士甸道為界，朝西南向維多利亞港伸延，面積為四十公頃的土地，早在一九九八年第一任行政長官董建華就提出興建西九龍文娛藝術區，至今二十二年了仍未建成。東九龍啟德機場舊址，自新機場啟用至今也已二十二年，也尚未被新建築覆蓋。二十二年時間，在上海是建成了浦東新區；在深圳，是GDP從約為香港的十分之一，增長到超過香港。

香港軟件優勢被誇大

有一種觀點：衡量發展不能只看硬件還必須看軟件，香港的軟件一直領先於內地，無論上海還是深圳，在法治上都不能望香港之項背。

二〇一九年四月九日西九龍裁判法院法官裁定二〇一四年非法佔中發起人戴耀廷、陳健民、朱耀明和其他六人，多項串謀犯公眾妨擾罪、煽惑他人犯公眾妨擾罪、煽惑他人煽惑公眾妨擾罪罪成。前港督彭定康立即攻擊特區司法機構引用過時法例提控，是「復仇式檢控」。然而，特區法律在維護國家統一和安全上存在着短板，則是不爭的事實。

香港專業界的敬業精業值得肯定。然而，二〇一九年四月三日醫務委員會否決四個放寬海外醫生實習期的方案，令醫學界、病人組織和社會各界一片嘩然。顯然，投反對票的醫委會委員是出於自私動機。一邊是香港醫生護士嚴重短缺，一邊是既得利益者竭力阻止外地醫生來香港執業。這是硬件的問題抑或軟件的缺陷？

從最近香港發生的這一系列看似各自獨立實際內在聯繫的事件中，不難看到香港發展之所以不快，至少有這樣兩個重要原因，一是過於誇大香港的軟件優勢，二是各個既得利益群體把私利置於香港整體利益之上。

在修訂《逃犯條例》過程中，屬於愛國愛港陣營的一些商界朋友，以及代表商界的若干政治團體，同樣以私利置於香港整體利益之上，而且與過分誇大香港法治優勢相聯繫。一些內地朋友對我說，眼看那幾位他們熟悉的香港商界知名人士，公開指摘內地法制和執法水平，心中十分痛惜。難道他們忘了在內地如魚得水、八面風光、賺得盤滿鉢滿嗎？

反對派視修訂《逃犯條例》為「洪水猛獸」，是他們的政治立場和選舉年政治策略使然。香港美國商會攻擊修訂《逃犯條例》是替美國遏制中國打「香港牌」衝鋒。香港本地華商毋須對修訂《逃犯條例》噤若寒蟬。有些人的表現，給人以「此地無銀」的印象，難道事實真是如此嗎？

時間對所有人都是公平的。內地居民以只爭朝夕精神建設，發展成就自然令人刮目。香港蹉跎歲月，發展步伐自然緩慢。

深入分析，為什麼有些人過於誇大香港的軟件優勢？因為，他們不能客觀公正評價內地軟實力。至今，香港社會依然津津樂道香港軟件優勢被國際知名或權威機構排名全球第一或前幾位，就是不認真思考，為什麼排名明顯低於香港的內地一直保持明顯快於香港的發展？那類排名真有那麼重要嗎？香港居民究竟是靠那類排名吃飯，還是靠紮紮實實的發展成就？

深入分析，為什麼既得利益群體把私利置於香港整體利益之上？因為，香港整體利益沒有得到張揚、維護和發展。

坦率地說，這同特區政府的施政相關。香港整體利益需要既遠大又切實的大規劃大項目來體現。「明日大嶼願景」夠遠大，但是切實不夠，因為首階段的住宅單位要到二〇三二年才能入伙。

香港的痼疾需大刀闊斧根治

二〇一九年四月十五日，陳文鴻教授在報章撰寫《香港為什麼產生不了「韓流」？》一文，對香港現狀提出尖銳的批評：「香港不是沒有危機，長者貧窮、公營醫療、基層居民住房等問題，其中包含多少血淚。但政府、政客卻沒有多少人願為這些弱勢社群打拼。只是不痛不癢的把公帑慢條斯理地分配便算，媒體、青年學生、工運和社運人士也同樣地把問題和民眾切身痛苦忽視。只有政治運動，沒有社會和民生運動從下而起。香港便沒有『韓流』般的民粹主義，社會只有精英便沒有良心。」

「冰凍三尺，非一日之寒。」在任何國家任何地方任何時候，經濟政治民生都會有這樣或那樣的具體問題，必須及時解決，如果任其惡化，那麼，過了臨界點就會變成難治的痼疾。根據我對香港長時期的觀察，今天香港的房屋、貧窮等民生問題，以及香港社會不少人對於國家政治制度的成見和偏見，都已是痼疾。一旦變成了痼疾，就只有大刀闊斧果敢處置，容不得左顧右盼、躊躇不決，否則，勢必發生管治危機和社會危機。

從這樣的角度看，眼下討論香港發展的瓶頸在哪裏，必須有危機感。如果在盡可能短的時間裏香港的痼疾得不到標本兼治，那麼，在某種外部因素刺激下，很可能引發管治危機和社會危機。真到那樣的境地，就不是發展速度問題，而是香港的政治經濟社會結構將發生調整。

香港民主最黑暗的一天

馮煒光

二〇一九年五月十一日，香港立法會變成反對派撒野的場所，民主的包容、理性和非暴力已被反對派破壞得蕩然無存。反對派表面上是為了反對香港特區政府提出的《逃犯條例》的修訂，實際上是覬覦二〇一九年十一月的區議會選舉，希望藉今次反對條例修訂的風波，鞏固民眾的支持，借妖魔化內地的司法制度來吸引更多中間選民支持。因為區議會選舉從來都是立法會選舉的前哨戰，而二〇二〇年便是特區立法會換屆了。

香港反對派自香港回歸伊始，便以散布對內地的「恐懼」來博得選票。由於香港確實有批人一向對中央抱有敵意，亦有部分香港人因為早在一九九〇年代便已移民，拿着外國護照，他們心裏是極不情願見到內地興旺發達，更會用有色眼鏡看香港的進步和穩定，或者視而不見。

二〇〇三年時因為「非典」肆虐，香港死二百九十九人，其中包括不顧安危救死扶傷的醫護人員。再加上一九九七年回歸後翌日，亞州金融危機在泰國爆發，而後席捲整個亞州，香港經歷通縮，樓價一直下跌至二〇〇三年，故香港民怨累積，反對派及其媒體便藉特區政府推出《基本法》二十三條立法，將條文內容妖魔化，說成「警察可以隨便入屋搜查」，又說「只要有學校圖書館藏有台灣政黨宣傳刊物，香港警察便可進學校抓人」。

在這個「恐嚇」下，港人便匯聚成一股大型的遊行人潮，最後在香港商界議員的「倒戈」下，令二十三條不能成功立法，令特區政府權威受損，也令反對派在二〇〇三年十一月的區議會選舉中，成績「亮眼」。所以這次到了逃犯條例修訂，反對派食髓知味，便想故技重施。

反對派反對修例的底氣

回說二〇一九年五月十日的立法會，反對派為了不讓《逃犯條例》修訂得以在立法會內審議，一眾反對派議員衝擊建制派開會場地，不讓建制派成功開會及選舉審議法案條文的法案委員會正、副主席。

他們學了當年台灣的立法會內打架的把戲，用衝擊、包圍（建制立法會議員及主席台）、搶咪、躺在主席台前，讓他們的助理混在攝影記者堆裏，圍攏着建制派議員出任的大會主持叫囂，令場面極為混亂，最終被迫暫停會議，復會後又因為反對派議員再度衝擊而最終未能選出法案委員會主席，令法案無法審議。立法會不能立法，這真是對民主的莫大諷刺，也是香港民主政治最黑暗的一天。

其實《逃犯條例》由回歸至今一直存在漏洞，這漏洞多年來沒有堵住是因為多年來反對派不斷掀起風波，內地一直會把匿居於內地的香港逃犯交還香港審判，但香港則因為沒有法律基礎，故沒法對內地、澳門和台灣移交逃犯。香港實際上成了「逃犯天堂」，連內地在二〇一七年很火的反腐電視劇《人民的名義》，也拍出內地的貪腐分子在香港「三季酒店」匿藏的故事。

今次因為二〇一八年二月有香港男子在台灣殺害其有身孕的女友，然後逃回香港，一屍兩命。香港警方只能以該男子回港後，盜用女死者的提款卡，構成「洗黑錢」罪來扣押及刑訊他。「洗黑錢」（而且只是區區兩萬港元）和謀殺一屍兩命，罪行嚴重性根本不能相提並論。故這位男子二〇一九年十月便可出獄，並可以施施然離開香港，以逃避到台灣受審。因此修例以提供引渡的法律基礎，迫在眉睫。

前幾年，一位香港百億富商涉澳門貪腐案，由於香港與澳門之間沒有《引渡條例》，故至今仍未被澳門審訊。若《逃犯條例》修訂成功，這位富商便極有可能被澳門引渡。故香港商界湧起一股反對修例的暗流。商界中的建制派不肯歸隊，這也是反對派底氣足的原因之一。

《逃犯條例》修訂成了反對派一舉攻陷二〇一九年十一月區議會選舉的重要突破口，又將內地司法制度視為針對點，再加上商界暗中反對，特區政府和立法會宜快刀斬亂麻，把法案繞過法案委員會，直接提交立法會全體大會三讀通過，否則夜長夢多，噬臍莫及！

議會廳內勇武當道，這才是香港的毒瘤

陳莊勤

英國國會有史以來連續任期最長的工黨國會議員、自一九七〇年起開始已擔任國會議員至今達四十九年的丹尼斯．堅拿，在二〇一六年一次有關巴拿馬文件揭發時任首相戴維．卡梅倫，投資以退稅天堂為基地的海外投資基金面對質詢的國會下議院辯論中，用了一句「狡猾的戴維」來批評卡梅倫，被主持會議的下議院議長約翰．比考裁定以「狡猾的戴維」批評首相為不當的議會語言而要求丹尼斯．堅拿收回。丹尼斯．堅拿拒絕收回對卡梅倫的批評。下議院議長約翰．比考將丹尼斯．堅拿逐出會場，並着令他不能再參與下議院當日餘下的程序。

從丹尼斯．堅拿發表批評卡梅倫的言論，到下議院議長要求他收回言論被他拒絕，然後下議院議長把他逐出下議院，丹尼斯．堅拿昂首靜靜地步出會場，均在極和平而體面的情況下完成。

香港經歷英國殖民地統治一個半世紀才回歸中國。香港回歸前的立法局的和風細雨討論中保留了英式議會的傳統。這些傳統便包括在議會中不容許有不當的議會語言。

在回歸前的立法局辯論中，鮮有議員因使用不當議會語言而被逐離場的事件發生。在一九八六年一次立法局會議中，民主派議員林鉅成醫生簡單的一句描述主持會議的已故尤德爵士「擦鞋」（阿諛奉承），便即時被立法局首席議員嚴厲批評。回歸之後這些傳統雖然慢慢被侵蝕，在回歸初期，英式議會傳統的相互尊重、斯文仍隱約存在。即使在立法會中有使用不當議會語言的立法會議員在被逐離立法會會場時，也以和平而體面的方式自行步出議事廳離開。

但發展到今天的特區立法會，不難發現這些英式議會民主傳統已不復存在。市民看到的何止批評特區行政長官「擦鞋」那麼簡單，向特首掟文件雜物時有發生，甚至掟杯也被裁定沒事。立法會議事廳內肢體衝突或語言暴力幾乎每星期都發生，所使用的不當議會語言如地痞流氓黑社會常掛在口邊的「×街」也曾在立法會出現，與丹尼斯·堅拿和林鉅成醫生的相比，難聽何止千百倍，而且難聽的語言幾乎在每一次會議中都發生。而每一次議員被逐離場，都幾乎要動用保安抬走，而不是和平而體面地自行離場。

立法會如此，在區議會，這些互罵與衝突，由保安員把被逐離場議員抬走的場面，時有出現。

事實上，自從香港主權回歸中國以來，議會中的英式代議政制民主議會傳統，已因反對派議員的不斷衝擊挑戰特區政府，所堅持英殖民地統治遺留下來的行政主導，已被逐步蠶食。至今英式議會民主、或西敏寺式議會民主（Westminster Style Democracy）的傳統，在香港的議會內已蕩然無存。

什麼是西敏寺式議會民主傳統？一些奉行西敏寺式議會民主的國家，如加拿大及澳洲的學者及專門研究議會事務的研究員，總結出西敏寺式的代議政制民主共有五項重要傳統，包括：

一、處理議會事務必須得體及有秩序地進行。

二、議會中的少數必須獲得保護。

三、議會會議中給予任何一位成員自由及全面表達意見的機會。
四、經自由討論後議會中大多數的決定，不應受阻。
五、議會須防止衝動地提出或未經慎重考慮便提出的法案。

二〇一九年初特區政府提出《逃犯條例》修訂案，四月初提交立法會首讀，按慣例首讀後成立法案委員會審議條例修訂。法案委員會召開首次會議，按傳統委員會由最資深議員主持首次會議選出委員會主席，然後由委員會主席主持法案委員會會議。

《逃犯條例》修訂案的法案委員會首次會議由立法會現時最資深議員、任職立法會議員已超過二十七年的泛民主派議員涂謹申主持。原本是簡單的選舉法案委員會主席環節，一眾泛民反對派議員卻不斷互扯貓尾（串通、唱雙簧），不斷製造規程問題及拖延處理規程問題，經過兩次會議仍未選出法案委員會主席。

面對一眾泛民議員，由涂謹申主持會議，變相率領一眾泛民議員拉布，癱瘓法案委員會，建制派控制的立法會內務委員會以書面通過委任議員石禮謙取代涂謹申主持法案委員會選舉主席程序，引致法案委員會鬧出雙胞胎，泛民議員連同一些支持泛民的記者以肢體阻擾石禮謙主持會議，兩次意圖開會均因反對派議員粗暴阻撓而發生嚴重肢體衝突，使會議不能進行，衝突導致個別議員受傷送院。

一直被指通過《逃犯條例》修訂為中央政府派發給特區政府的硬任務，要求立法會履行立法會憲制責任，盡速審議《逃犯條例》修訂。保安局長李家超以立法會法案委員會成立超過五星期仍未能正常運作選出主席、並且出現嚴重混亂及衝突為理由，要求把《逃犯條例》修訂草案繞過法案委員會，直上立法會大會恢復二讀。建制派控制的立法會內務委員會也配合特區政府要求，通過將《逃犯條例》修訂草案直接交上立法會大會審議，於六月十二日恢復二讀。

立法會泛民議員批評將《逃犯條例》修正案繞過法案委員會直上立法會大會審議，是破壞立法會傳統、濫用權力。建制派中唯一反對將修例草案直上立法會大會的議員田北辰亦批評這做法是廢掉法案委員會審議法案的功能，開此先例將後患無窮。

為什麼香港議會會變成這樣？在民主社會，分歧多大，爭論有多激烈，遵守議會傳統進行文明與體面的辯論，是所有政治人物都會自覺遵守的規則。這種不論是執政黨或在野政黨議員都遵守議會文明與體面辯論的傳統，主要原因是在普選民主政體下的政黨輪替。今天是在野反對黨，下一次選舉後很可能是在朝執政黨。因而不論在朝執政黨或是在野反對黨，都有維持議會文明與體面傳統的誘因與動力。

英式議會傳統在英殖民地統治終結短短二十年便不能在香港維持的原因，在於香港並非普選民主。香港的泛民反對派，在現行的政治安排中，即使並非永遠、但在可見的一段長時間的將來，也不可能成為執政黨。這樣的政治環境下，沒有了上台執政機會，促使反對派變成了真的是純為反對而反對。也因如此，他們中部分人不接受為政黨輪替而存在的、眾多供多數黨與少數黨共同遵守的議會傳統、禮儀與規矩，是很容易理解的。

而更令泛民與整個反對派陣營憤憤不平的，是在地區直選中他們長期是大多數，只因立法會有一半議席並非地區直選產生，而使他們沒有成為執政黨的機會。因而對泛民政黨與政客而言：「你永遠要排除我執政的機會，我為什麼要遵守你的規矩？」

但反過來說，若連他們崇尚的議會民主規範與傳統也可以漸次走遠放棄，他們的抗爭已不再是如美國民權領袖馬丁路德金領導那種具尊嚴與被人尊重的抗爭。一群輕易踐踏民主代議政制的規範與傳統的人，已近乎是革命黨，他們的行為已告訴別人他們執政後也必然會執行他們所說的「制度暴力」，沒有資格帶領民眾以具尊嚴與被尊重的方式爭取他們心目中以西方民主體制為模範的民主。

爭取公平與普及的民主是一個漫長的過程，西方國家的經驗可以看出，在邁向公平而普及的民主過程中，永遠有這樣或那樣的不公，有的是因為膚色，有的是因為性別；美國黑人爭取一百年才有平等的投票機會；英國女性爭取超過半個世紀，才爭取到平等的投票機會。這些例子不斷告訴人們爭取公平與普及的民主選舉從來不是容易的事，需要的是極大的能耐。

目前可以看到的是香港主權回歸二十三年，泛民主派在回歸初年，誓言長期在野面對不公平的政制安排，會長期在議會中在野抗爭，但現今似乎已慢慢失去了這種能耐。在不公平的政制安排下，長期的挫敗與絕望感促使他們走上非理性激進勇武抗爭之途。更為不幸的是，一眾泛民政客為了抗爭而喪失了原則。

綜觀立法會內二十多位泛民議員，他們當中沒有政治家，絕大多數是連當一個重原則的合格政客也做不到。然而，政治人物的政治原則很重要。任何社會都有一小撮的激進分子，香港政壇也不例外，問題是泛民中佔多數本屬溫和理性的泛民政客，為保權位而甘願被激進分子騎劫牽着鼻子走激進路線，讓議事廳內勇武當道、議會癱瘓。這種行為已非文明的政黨政治行為，而是結黨營私的朋黨勾當，成為了阻礙香港前進與發展的毒瘤。

而對特區政府而言，在現階段如何將毒瘤分割，打破泛民朋黨團抱，把泛民主派中理性溫和的健康力量吸收入現行特區政府依賴的建制派主導的政治體制，回復以保護少數派前提下由多數派主導文明互相尊重的議會傳統運作，似乎已變成了一個不可能完成的任務。

反對派青面獠牙表徵下所透露的政治信息

阮紀宏

立法會連一個選舉委員會主席的正常會議程序都無法進行，反對派還出動全武行策略。這樣下去，立法會就會癱瘓，行政立法司法管治三條支柱就會三缺一。令人奇怪的是，反對派為何選擇此時此刻孤注一擲。如果看看委內瑞拉的局勢，對洞悉反對派的思維與未來行動該有參考價值。

立法會二〇一九年五月十一日開會的場面，恍如黑社會電影果欄爭地盤的情景。雖不見刀光劍影，但飛身推撞與飛膝批踭的動作比比皆是。究竟是香港民主最黑暗的一天還是最醜陋的一天，見仁見智，無可爭議的事實是，一方要將《逃犯條例》修訂法案按程序走，另一方則由於不夠票數而採用非常手段阻撓。這本來就是立法會的常態，但反對派採取如此激烈的暴力手段，青面獠牙盡露仍不知收手，還揚言要「奉陪到底」，究竟策略上是否有錯？還是另有乾坤？

在會議場地和會議主持、主席的合法性爭奪戰中，出現全武行只是表徵。這跟民主黨主席胡志偉罵特首林鄭月娥是「八婆」和「你唔死都無用」一樣，七情上面也只不過是落力演出罷了。真正的政治信息是特區政府跟反對派的關係從此結束，今後大路朝天各走一邊，互不牽扯。立法會今後將會無法正常運作，不要説通過法案的憲制責任，影響民生的是政府開支無法批出、政府政策無法順利實施。林鄭月娥餘下任期，將能如何管治？實在令人擔憂。

反對派不是政治初哥，反對政府是反對派的永恆使命，但也該懂得何時出什麼牌、不同時期的攻擊對象是誰。《逃犯條例》修訂案中的討論，已經超出了對條文的爭議。反對派一開始就直搗黃龍，直接表達這是對內地法治的不信任，對內地政府投反對票。這樣的立場，就是無法調和的。群眾的情緒被調動起來後，反對派也再沒有後退的空間，於是上演不撞南牆心不死的鬧劇，只不過有些荒腔走板，攻擊林鄭月娥衰過梁振英，則有違反對派認為梁振英是最差特首的一貫立場。

反對派要留在議會，選舉得失是每一個行動的決定性因素。立法會選舉要在二〇二〇年九月舉行，所以跟特區政府攤牌的招數，應該放在立法會選舉運作開始時才使出。二〇一九年十一月二十四日的區議會選舉，可被視為立法會選舉的前哨戰。但反對派由於基層組織不及建制派，從來在區議會選舉中的勝算不高，只有一次例外，即二〇〇三年建制派在區議會選舉中兵敗如山倒。

這次反對派將修訂《逃犯條例》描繪成二十三條立法的預演，誇大其辭説人人都可能隨時被遣送到內地接受不公平的審判，明眼人都看出是「靠嚇」，反對派真的不知道這一招是在賽跑發令槍未響起就搶跑嗎？為什麼不把底牌留到二十三條才使出呢？他們真的以為這樣可以令他們在區議會選舉中大獲全勝，從而在立法會選舉中翻盤，重奪多數派的地位嗎？

以委內瑞拉的局勢洞悉反對派行徑

反對派對修訂《逃犯條例》聲淚俱下，只不過是在吞食獵物時偽裝同情的鱷魚淚。之所以「被迫」使用大殺傷力武器，都是特區政府和建制派造成的。相信他們扮演悲情不成功，暴力手段將會升級，從而迫使政府也武力升級。不妨看看委內瑞拉最新的情況。

委內瑞拉反對派二〇一九年一月宣布，總統馬杜羅的權力已經無效，國會主席瓜伊多自行上任臨時總統，美國立即拉攏幾十個國家承認臨時總統的權力。雖然特朗普曾經揚言出兵取締馬杜羅是一個選項，但經過幾個月的拉扯還沒有結果，原因是俄羅斯的介入，美國才會投鼠忌器不敢貿然行動。最新的情況是馬杜羅政府逮捕了反對派的二號人物，瓜伊多下令叛軍跟美國軍隊聯繫，隨時準備行動。

委內瑞拉是獨立國家，跟香港不能比擬，但美國在推翻由選舉產生的馬杜羅政府的舉動，對香港不無啟示，不知道哪一天一覺醒來，反對派推選一名共主，宣布自己為「新的行政長官」也說不定。可是，香港沒有自己的軍隊，解放軍也不會出現叛軍支持反對派，所以反對派要赤膊上陣，親自上演全武行，在立法會的走廊和會議室衝鋒陷陣。

現在已經有受傷的建制派議員報警，說這樣的暴力手段是刑事罪行，有可能被檢控。這個時候反對派還說要「奉陪到底」，明擺着是要以激烈行動引蛇出洞，挑釁法制。如果拘捕反對派的立法會議員，就會激發其支持者的情緒，全面癱瘓立法會。這場爭鬥如何收科，還存在很多未知之數。

反對派的底牌已經亮出，將會出現的暴力只是不同程度而已。中央政府、特區政府、各黨各派以至所有市民，都看得一清二楚，不會對和解心存幻想。各種對應的措施也會去到盡，各走極端的結果，就是沒有中間派。所謂的理性、務實、溫和，甚至是「縮骨」，都沒有位置。一切都要看投票的行動。

國際形勢詭譎，港人怎可少了智慧？

邵盧善

中國恢復行使香港主權，實施一國兩制，二十三年貫徹如一，香港能夠保持繁榮安定，也是獲得國際讚許的。一國兩制得以成功，除了法律保障、中央領導的承諾、國際的支持之外，更重要還是中央與港人社會的互相信任，由此而發展的互相諒解、互相容讓，攜手務實保持香港的獨特角色。

這一波修例爭議的癥結，在於社會失去互信，受管治者質疑立法目的，沒有認真去了解修例的需要；建制方面懷疑反對者用心，忽視受影響方面所擔憂的合理性。於是，討論過程縱使不乏真知灼見，支持與反對兩派還是沒有理性溝通，對立情緒愈演愈烈，大家不禁會問，港人還是一起居住在獅子山下的嗎？

文明社會立法，原意總是好的，法治社會斷斷不可能立法壓迫人民，法治不上軌道的地區，統治者說了算，根本不需立法，反對派以內地司法水平來挑撥對修法的疑慮，於事無補；另一方面，愈是文明進步地區，社會變遷愈快，立法、修例的需要與頻率愈大，關注面也更廣，有爭議是必然的，執政當局不宜介懷，專心一致完善立法。

當局每立新法或是修訂舊例，首要考慮是目標清晰明確；其次，條文是否可行達標，如果是針對某些問題而修訂，必須是對症下藥，而且，不至引發嚴重的新問題；其三，盡可能確保人人理解新法或修例的裨益。

一利立、一弊生，在利益多元的社會，大多數立法都可能影響個別少數的現有利益，當局必須加倍顧及，細心應對。那些為補救流弊而修訂的條例，尤需謹慎。首先，針對的對象明確，杜絕誤墮法網事件；其次，需向有疑慮族群細心説明新例如何保障彼等權益，甚至設立補償；其三，設有公信力的機制處理「冤、錯」案件；其四，修例補救流弊之得應該遠大於失，社會值得付出代價。

修例提出之初，的確存在疏漏，側重一得而忽略一失，討論程序展開之後，反對者無限上綱上線質疑內地司法，各方又再重蹈政制改革之爭的覆轍，只問立場不問是非，只看輸贏不論對錯，討論反而成了製造問題，而不是解決問題。

現代社會人工智慧發達，電腦已經可以處理很多事情，包括醫療診斷，可是，立法修例永遠不可能由電腦代替，因為，這是人心工程，必須人與人之間溝通，互信、互諒、互讓，缺一不可。議會政治及司法制度俱被列為圭臬的英、美兩國，近年在立法、司法方面的爭議此落彼起，堪為我們借鏡。

以英國脱歐為例，公投定案幾近四年，英國國會仍未能議出法案，對內方面，除了爭取脱歐派的利益之外，必須説服留歐派的疑慮，保證他們不會因為脱離歐盟而有不可挽回的損失；外在壓力更重，為了保障英國現正享有的利益，就必須兼顧歐盟其他二十七個成員的利益，愛爾蘭堅持不肯在國內重立實物邊界，分隔南北愛爾蘭，是倫敦當局尋求軟脱歐的一道鴻溝。

英國脱離歐盟一事，先後折損了卡梅倫、文翠珊兩名首相，第三位無論是誰接任，如果各方面沒有互信及互讓，恐怕亦難以達成全民皆喜的方案。以此反視香港施政立法，本土利益固然重要，尊重中央及內地權益與平衡國際，缺一不可。

值得港人警惕的是，美國當政者鼓吹「美國優先」，特朗普總統標榜極限施壓，美國由傳統的國際秩序維護者，變為傳統秩序的破壞者，動輒以制裁的手段針對其他國家地區，中國當然是首要目標，西方親密盟友如歐盟、韓國、日本等國也難倖免，甚至近鄰如墨西哥，突然又被提高入口關稅，懲罰墨國政府沒有盡力阻止難民非法進入美國。再看歐盟最新議會選舉結果，反對移民、反對自由貿易的歐洲右傾民粹主義抬頭，所謂人權自由的普世價值大打折扣。

「大事小以仁，小事大以智」，於此詭譎國際形勢，港人更需有超級智慧面對。

香港反對派與特朗普如出一轍的混亂邏輯

阮紀宏

美國總統特朗普禁止美國公司跟華為做生意，是因為他認為華為的技術可能對美國的國家安全構成威脅，僅是認為可能，沒有提供確鑿的證據。香港反對派反對《逃犯條例》修訂，只是認為該條例可能對他們的安全構成威脅，就卯足了勁去反對到底。兩種邏輯同出一轍，香港反對派要繼承特朗普的衣缽，沒人攔阻，但千萬別將香港「攬炒」。

特朗普二〇一九年五月十五日簽署行政命令，宣布禁止跟華為貿易往來的法令，只針對一間公司的這種禁令是史無前例的。美國總統頒布禁止貿易的行政命令，仍然生效的三十一個當中，絕大部分跟一個地區或者一個國家有關，只有幾個例外：第一類是跟重要的毒販、日本的黑幫或者意大利黑手黨勢力 Camorra 有勾連的人。第二類是跟二〇〇一年「九．一一」事件有關，禁止與任何干犯恐怖主義活動，或者威脅要干犯恐怖主義活動，或者支持恐怖主義的人有貿易往來。這個禁令特別的地方是，即使沒有實際干犯恐怖主義活動，威脅要干犯的也在禁止之列。

禁止跟華為貿易往來，只憑特朗普的認為，實在有點牽強。該命令前言部分只有二百七十五個字，說明問題的由來和命令的依據，其他部分是執行細則。特朗普除了列明他頒布行政命令的法律依據外，表示「發現有外國的敵對勢力，愈發製造和利用美國在通訊科技與服務的脆弱性，儲存大量敏感資料，目的是為了干犯邪惡的網絡行動，包括敵對美國和美國人的經濟與工業情報，具有潛在的災難性效果，故對美國的國家安全、外交政策以及經濟構成不尋常及超常的威脅」，就是如此這般寥寥幾句，對什麼是邪惡的目的，災難性後果的程度，以及什麼是潛在威脅？所有的證據，完全欠奉，就宣布禁止所有美國公司跟華為有任何貿易往來。

美國擅長先下手為強

美國對付恐怖主義活動，採取先發制人的做法，是先下手為強，免得對手有萌芽生根的壯大機會；對付一個敵對國家，往往是發動所有力量，包括軍事、外交、經濟、文化等等手段，全面壓制，甚至不惜編造虛假情報，以取得國內民眾和外國盟邦的支持，在攻打伊拉克前指控伊拉克擁有大殺傷力武器，就是經典例子。

其實，美國杯弓蛇影的背後，有一種很可怕的邏輯，就是老子最大，其他國家都是孫子，都沒有能力威脅它，也不應該有能力威脅它。中國一九六四年自行研製原子彈，美國就是不相信，連錢學森、鄧稼先等中國人從美國回來協助，也是不可能的，對外宣稱是一名美國物理學專家幫忙，中國才能成功；一九九〇年代，中國成功研製核彈頭，美國又是不信，懷疑美籍華裔台灣學者李文和泄露情報，先是給媒體放風製造輿論，然後送上法庭，後來才發現毫無證據。

而今特朗普認為華為存在對美國構成潛在威脅，乾脆連懷疑也不說了，揑造證據也免了，美國對待敵國的手段，邏輯就是「任性大晒」，雖然全世界都不高興，但美國真的有任性的本錢，因為其軍事實力和金融、經濟操控能力，還是全球第一。

美國總統可以這樣做，美國的傳媒也可以在缺乏根據的情況下發表一些捕風捉影的言論，一九九七年《財富》雜誌發表文章 *The Death Of Hong Kong*（香港之死），說香港回歸祖國，就形同宣布死亡，但香港一九九七年之後，雖然經濟範疇比較單一，規模卻還是繼續蓬勃發展。而今《華爾街日報》因為香港修訂《逃犯條例》，又用一個相似的社評標題 *The Demise of Hong Kong*（香港死亡）。這種秉承特朗普的做法，真是上有好者，下必甚焉。

香港反對派依樣畫葫蘆

美國人跟着自己總統的混亂邏輯，缺乏證據而無中生有，濫用權力而恣意縱情，毫不稀奇，奇怪的是香港也有人依樣畫葫蘆。

反對派對於《逃犯條例》修訂，從來不跟他們的支持者說明條例的來由，也不說修訂的具體內容，只是衝口而出說「隨時引渡你回內地受審」、「林鄭會交出任何內地要的港人」等等，嘩眾取寵不說，缺乏事實根據也不說，但給一點邏輯好不好？香港市民不在內地干犯法律，內地將根據什麼提出引渡呢？反對派說特首林鄭月娥將會無條件送港人回去受審，但修訂的條文中說她的決定要有根據，然後香港的法庭會做最後定論，反對派掩耳盜鈴，將對林鄭月娥的指控上綱上線，還帶上了享負盛名的香港獨立司法制度。

順帶一提，《紐約時報》得悉李文和是無辜，自己參與了誣告李文和的勾當，用了六個整版發表更正錯誤的細節；香港反對派在發表錯誤指控之後，從來就沒有認過錯。美國在全球長期「靠惡」，中短期「靠嚇」，香港反對派在立法會「靠惡」，在輿論上「靠嚇」，兩者思維與做法一脈相承。

被反對派操弄的「數字民意」

江　迅

筆者學文科，卻對數字敏感；職業寫新聞，常常會用實實在在的數字表述觀點。二〇一九年五六月，有一些數字常常被人引用，那就是「十三萬」人。

這「十三萬」成了一個指標。被反對派稱為「香港民主之父」的民主黨創黨主席李柱銘，二〇一九年五月七日在報章撰文稱：「『民陣』第二次發起反修訂《逃犯條例》遊行，有多達十三萬人參與。然而署理特首張建宗竟指……」二〇一九年五月八日香港大學法律學院教授陳文敏亦在報章撰文說：「儘管有十三萬人上街遊行，政府依然一意孤行」；二〇一九年五月二十二日「新民主同盟」立法會議員范國威認為：「十三萬人上街代表民意，對修例的關注及憂慮……」

立法會審議《二〇一九年逃犯及刑事事宜相互法律協助法例（修訂）條例草案》（簡稱《逃犯（修訂）條例草案》）前，「民間人權陣線」（「民陣」）於二〇一九年四月二十八日發起第二次反修例遊行，「民陣」宣稱參加遊行人數達十三萬人，而警方則表示高峰時段只有兩萬二千人參與。「民陣」召集人岑子杰當時曾透露，有意在條例草案在立法會恢復二讀辯論前的周日（即二〇一九年六月九日），發起第三次反修例遊行，希望動員三十萬人上街。這「三十萬」，就是以「十三萬」為基礎而作的預估。

各方周旋的數字遊戲

那這「十三萬」人數的依據何在？我曾聽好友雷公作過一番分析。這位香港科技大學榮譽大學院士、科大經濟系前系主任雷鼎鳴教授說，計算遊行人數的關鍵是估計人龍有多長。從起點東角道到終點政府總部，共約三千米，供遊行示威人士走的路寬十米。帶領龍頭的人共走了一百二十分鐘，於五點三十分到達終點。當龍頭人到終點時，龍尾在哪裏？五點三十分這一刻的龍尾示威者要多走一百分鐘才到終點。既然龍頭要走一百二十分鐘才走完三千米，那麼龍尾一百分鐘約可走到兩千五百米，也就是說，龍頭與龍尾的距離應約兩千五百米，即五點三十分這一刻，示威人士佔有的總面積是兩千五百米乘以路寬十米，即兩萬五千平方米。

雷公繼續說，這塊地可容納多少人？如果是十三萬人，這便意味每一平方米要容納十三萬除以兩萬五千等於五點二人。唯有人人都如沙甸魚般擠在一小型電梯中，這才勉強可能。示威時要行走，舞動手腳，從以往示威可見，平均一平方米一個人也會嫌擁擠，每平方米假設站一人已經是高估的，五點二人則是太離譜。如果每平方米一人，總人數便是兩萬五千人，警方的數字明顯可靠得多。

雷公說：「我已查過一些資料，整條軒尼詩道才一千八百六十米長，計算中用的三公里大致準確。示威隊伍用一邊的路，三車道的規格是十米寬，軒尼詩道有部分三車道，有部分是二車道。我的估算不可能完全準確，但一定比『民陣』所說的十三萬人接近事實得多。」

每一次遊行示威，舉辦方和官方各說各話，所說的人數相差特大，媒體和一些政治人物卻喜歡引用毫無根據的主辦方聲稱的數字。現在有了無人機，其實人們可直接在空中點算人頭，把不同地段的人頭密度抽樣數一數，便不難推算出結果。

過去十多年來，反對派一直試圖用「遊行人數」代表「主流民意」。「民陣」主張十六年後的二〇一九年六月，只要遊行人數達三十萬，就有望阻止《逃犯條例》修訂。其實，當年五十萬人上街的背景是經濟衰退、樓價暴跌、產生大量負資產等因素，導致社會怨氣頗重，並非所有參加者都是衝着二十三條立法，一部分是因為對政府不滿，要求時任特首董建華下台。純粹為反二十三條立法而上街的人絕對沒有五十萬人。何況，當年政府終止立法程序，主要是法案表決前，自由黨議員突然「倒戈」改變立場，絕非因為遊行人數所致。

反對派一直在玩「數字遊戲」，據筆者愛玩數字遊戲的朋友說，「2048」、「數字10」、「數字消除」、「數字解密」等經典數字遊戲，都可以在手機應用程式商店下載。數字遊戲又稱第九藝術，相對於傳統遊戲，別具跨媒介特性。說到這裏，我們不妨也穿越時空、跨越領域，看看其他一些數字。

二〇一九年二月，多個反對派政黨都在維園年宵市場開設攤位藉此吸金，但籌款數字明顯較上一年下跌。「香港眾志」籌得四十八萬港元，較上一年大跌百分之四十；「支聯會」籌得三十五萬港元，下跌百分之七……能不能說，反對派在市民心目中的分量，出現走下坡趨勢？

二〇一九年四月中旬，香港「護港安全撐修例大聯盟」推動聯署支持修例活動，截至五月十日，有二十四萬市民聯署；五月十九日破三十六萬人；五月二十四日破四十三萬人。這數字的增長是否展示支持修例的主流民意呢？

數字還有更多，限於篇幅，無法都拿來「遊戲」。

第二章

從「和理非」到「黑衣暴力」

二〇一九年七月一日是香港特別行政區成立二十二周年紀念日，示威者為了阻止周年升旗典禮與警察爆發激烈衝突，並於晚間闖進立法會。香港立法會首次被佔領三小時，區徽被塗黑，社會各界為之震驚。

從此之後，示威暴力愈演愈烈。七月十四日，沙田新城市廣場發生流血衝突，有警察被示威者毆打、咬傷。七月二十一日晚，在元朗西鐵站，有白衣人與黑衣人發生衝突，多人受傷。元朗事件也成為反修例風波中的重要轉折，之後每個月的最後一天，都會有示威者在元朗站舉行紀念活動。

八月二日晚，部分香港公務員在中環遮打花園發起集會，以表達對反修例示威的支持。以公務員身分表達政見是否違反公務員條例成為公眾關注議題。八月五日，全港範圍內爆發大「三罷」，有示威者圍堵黃大仙紀律部隊宿舍，並向宿舍扔磚頭、點火。

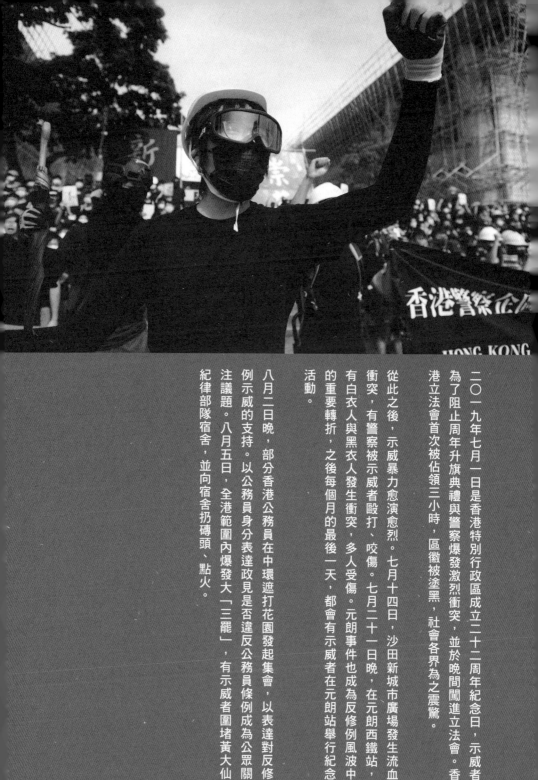

香港已死，兇手在逃

陳莊勤

香港經歷了一場回歸以來最大的政治風暴。

因特區政府提出修訂《逃犯條例》而引發反對派與政府對着幹，鼓動多數對修例內容根本沒有深入了解的人，因輕微罪行而會被引渡到內地受審的恐懼，而引發數十萬人上街，並且爆發暴力衝突。事件結果引致政府暫緩推動修例。整個事件由發生以至政府決定暫緩修例和後續事件，突顯了一個令人痛心的現象：香港已死。

香港已死在於：一、部分群眾選擇相信謊言，並且沉醉在這種謊言構建的亢奮中；二、社會上氾濫着一種以愛護年輕人為藉口的矯情、包庇暴力，將施暴者美化為英雄而無人譴責；三、政府在面對邪惡的暴力與無恥的謊言的不濟。無力駁斥謊言，甘於向暴力屈服。四、有良知的沉默大多數在謊言與暴力面前噤若寒蟬。

從整件事的發酵以至後來的演變，不難看出反對派反對《逃犯條例》修訂而策動的一連串群眾運動是經過精心部署的，由文宣、引入外國勢力干預到實際行動的仔細分工均經過詳盡而細心的策劃。

針對市民對中國法制與司法的不了解從而缺乏信心，反對派利用市民不了解修訂《逃犯條例》內容，蠱惑人心，危言聳聽並製作大量盡是謊言的失實短片，以謊言恐嚇香港市民會因修例而被隨便引渡回內地。反對派政客這種以謊言為恐嚇，以達到鼓動對修例不了解的市民盲目反對修例的目的，已不再是對修例的理性討論，而是對修例的惡意抹黑和不道德的欺騙誤導群眾。

二〇一九年六月九日民陣發起反修例大遊行，號稱有一百零三萬人參與，更是無恥謊言。警方數字指出遊行人數高峰期有二十四萬。香港科技大學雷鼎鳴教授估算的總人數是二十萬左右。及後六月十六日遊行民陣說有兩百萬人參與，警方數字是三十三萬八千人，雷教授估算的數字是四十萬。

其實無論是二十萬或是二十四萬，以至後來在六月十六日遊行警方估計的三十三萬八千或雷教授估算的四十萬，都是值得尊重和重視的人數，民陣實在沒有必要把人數五倍地誇大。民陣把遊行兩次人數分別五倍誇大為一百零三萬及兩百萬，目的只是以虛假數字增加聲勢、吸引國際注意。眾多香港媒體也毫不專業，單方引用民陣數字，使民陣的虛假欺騙數字成為歷史紀錄。

二〇一九年六月十二日特區政府擬將《逃犯條例》修訂案提交立法會二讀，大批反對修例的群眾聚集立法會及金鐘一帶，一些以口罩蒙面的年輕人，不斷掘起地面的地磚及拆掉路邊圍欄的鐵枝。到了下午三時半左右，在立法會大樓外的蒙面年輕人露出了他們暴徒的真面目，開始瘋狂向在場守護立法會大樓的警察如雨下般掟磚及投擲鐵枝，把警察逼退到立法會大樓內。

在面對暴徒以可以殺人的磚頭及鐵枝的瘋狂攻擊，警方防暴隊開始還擊，向暴徒發射催淚氣體及布袋彈，打傷了一些暴徒。

反對派在這時便立即指摘警方對年輕示威者施以暴力，明顯傾向反對修例的本地媒體也不斷播出暴徒披血的畫面，而輕輕帶過、甚而不報道暴徒向警方人員投擲可以殺人的磚塊及鐵枝的事實。更令人嘔心的是一眾反對派政黨頭目以至反政府的過氣高官，公然在電視鏡頭前說謊，說沒有看見暴徒掟磚，這種無恥謊言，超越了任何有良知的人的底線。

鼓動群眾針對警方和政府

這種無恥謊言，目的是惡意鼓動更多群眾針對警方、針對政府。

在當日的暴力衝突後，以「香港媽媽」為名，販賣廉價的矯情說什麼淚求警察不要打小孩。這種別有用心的氾濫矯情，掩蓋了警方以武力對付的是一班首先發難攻擊警察的暴徒、而不是他們口中的和平示威學生、無知小孩的鐵一般的事實。這種為反政府、反警方而無所不用其極的扭曲事實、以販賣廉價矯情欺騙群眾的手段實在令人不齒。

可惜的是，很多香港市民便是喜歡選擇接受這種謊言推動的氾濫矯情。更令人失望、特別是令沉默大多數支持特區政府施政的人失望的是：特區政府面對無恥的謊言和邪惡的暴力的不濟。

在邪惡的暴力面前，特區政府跪低。時任警務處長的盧偉聰在律政署仍未研究證據及決定該以什麼罪名檢控施暴者前，已說未必一定會以暴動罪起訴二〇一九年六月十二日的施暴者。作為眾多被暴徒施襲含冤被屈的警務人員的最高領導人，竟然在邪惡勢力聲大夾惡下跪低了。

事實上，掘地磚是刑事毀壞，拆掉及管有圍欄鐵枝是藏有攻擊性武器，都是可坐牢的嚴重罪行，更別説以這些地磚及鐵枝攻擊警察傷人以至意圖謀殺這些更嚴重罪行。一眾反對派政客怎可以將這些人美化為英雄？特區政府怎可以在這些人的暴力面前屈服？

在反對派激烈反對修訂《逃犯條例》的同時，個別戀殖過氣現任政客和高官，跑到歐美游説，引來美國一些國會議員提出修訂美國《香港政策法》提案，説若香港通過修訂《逃犯條例》，美國便可能對相關政府官員及決策者制裁，禁止他們進入美國、甚而凍結他們在美國的資產。

個別行政會議成員，怕到不了美國探望子女，怕他在美國的資產被凍結，而紛紛勸説特首停止修例，向謊言及暴力屈服。反對派為反特區政府而反對一次正當的修例，當權者為經濟利益而在謊言與暴力和恐嚇下跪低，這便是香港的悲哀。

香港已死，死於這麼多人甘願接受謊言、顛倒黑白而是非不分；死於特區政府及主導政府決策的利益持份者，在邪惡的暴力與無恥的謊言面前和外國勢力干預恐嚇下屈服，向謊言和暴力投降。

在政府決定暫緩修例後的示威中，兩個二十歲才出頭的衣著時髦年輕少女，拿着一個紙牌，上面寫着「I DONT NEED SEX, THE GOVERNMENT F××KS ME EVERYDAY」（我不需要性，政府每天在×我）。從衣著可以看出這兩位少女是在豐裕的環境下長大，享受特區政府提供的醫療保障與免費基本教育。無疑他們的上一代及再上代，可能為了他們這一代的豐裕生活，而需胼手胝足，甚至可能受過不少苦。但他們這受呵護的一代，有什麼資格説：THE GOVERNMENT F××KS HER

EVERYDAY?

自二〇一四年非法佔中至今，香港出現了很多很多這樣反智的年輕人。在佔中「違法達義」的歪理、在反對派逢政府必反的謊言下，造就了這不懂感恩的一代。可惜的是，以「THE GOVERNMENT F××KS ME EVERYDAY」為口號，氾濫假情假意騙人同情的矯情，又吸引了大批的反智支持者。

香港喪失了一代年輕人

特區政府暫緩推動修訂《逃犯條例》，一眾口罩蒙面青年以勝利者姿態佔據政府總部面前的龍和道堵塞來往車道，警察不敢清場，後來新聞報道堵路者「釋出善意」解封龍和道。這是什麼世道？有人違法堵塞道路警方不敢處理？而要等這些違法者「釋出善意」才能示路面重開？

猙獰的反政府反警隊勢力包圍警察總部以鐵鏈把警察總部後門鎖上，不斷以粗口辱罵警員，警員連反應的勇氣也沒有了？誰指令他們要屈這口氣？猙獰的反政府反警隊勢力對執勤警員人肉搜查起底，並對警員及警員家屬進行恐嚇，而政府竟然對此視若無睹，也束手無策。

香港已死。

《逃犯條例》修訂在暴力脅迫下暫緩，立法會主席隨即要將在審議中、反對派政客激烈反對的《國歌條例草案》也擱置了，特區政府也匆匆同意。面對反對派挾持街頭的磚塊暴力激烈反對的，特區政府以至立法會就什麼也不能幹了？

反對派甚而已明言下一目標是以同樣的方式反對大嶼填海計劃。反《逃犯條例》修訂給予了反對派一個明確的啟示：用謊言與街頭的磚塊暴力構建的暴力街頭政治，可以令這不濟的政府在任何政策上屈服退縮。

更恐怖的是，面對反對派政客同暴徒的謊言與暴力，仍有良知的沉默大多數選擇了鑽進「沉默的螺旋」而噤若寒蟬。

香港已死。

如若不與暴徒割席，港青將成最大輸家

雷鼎鳴

二〇一九年，從六月九日至七月一日短短二十二天內，香港爆發了三場暴動，又有多次包圍警察總部、政府辦公大樓、騷擾坐地鐵的乘客，甚至是阻礙別人坐電梯上班等大大小小社會事件，和平反《逃犯條例》的大型遊行有三次，撐警大會也有數以萬計的人參加。這是半世紀以來，香港面對的社會矛盾最集中爆發的一段時期。

當然，有些人根本不承認有暴動出現過，也否認參與者是暴徒，但他們七月一日攻入立法會，搶走物資，肆意破壞設施，又用毒粉及不明液體襲擊警察，若還不能把事件定性為暴動，則世上便無暴動這回事。

有一點值得我們注意，與這些暴動行為緊緊相連的是幾次大型但和平的遊行，暴動受人譴責，二者本不應混為一談。不過，參與和平遊行的其中一部分，又顯然有人跑去為暴徒打氣及包庇他們。

七月一日的那次，有些和平遊行人士在步行到了金鐘附近後，便應包圍立法會人士之邀約，跑去聲援那些運用各種手段要打碎立法會玻璃牆的暴徒。晚上若非有近三、四萬人在包圍立法會，內裏的警察也不用在遭受襲擊及擔心停電會發生意外的威脅下暫離立法會，致使暴徒入內部搶掠。在網上留言所見，並非所有的和平示威人士都譴責這些暴徒，有些人還稱他們為「義士」，一定要與他們保持團結云云。立法會的一些黨派還在替他們開脫。

若和平人士不與暴徒劃清界線，本應是兩種不同的人便被混在一起，這樣難免使人感到他們偽善，不能再相信他們了。和平人士大多都會自認接受一套所謂的「普世」價值觀，他們既然努力表現和平的一面，就算無法阻止暴動行為，也應該遠離現場，不致成為幫兇。

他們都說崇尚法治，但當有人不斷違法或替正在違法的人打氣，又要求不能起訴他們，我們能相信他們真的重視法治嗎？這些人也說支持言論自由，但暴民的特徵之一正是喜歡網上欺凌，和平人士能包庇他們而不臉紅嗎？暴民得不到自己所想要的，便輸打贏要翻枱搞暴力，還胡謅自己是被逼出來的，如此低等的質素能使我們相信他們真心支持民主制度嗎？和平人士怎能信任他們？

這些暴民的仇警論充斥，行動上亦有包圍警署，將警察家人起底並欺凌的往績。和平人士不少有宗教信仰，主張愛、寬容。我倒是記起魯迅那著名的對家人的遺言：「損着別人的牙眼，卻反對報復、主張寬容的人，萬勿和他接近。」我們能包容這些暴徒嗎？要政府不起訴或特赦那些暴徒，不如出來一起譴責他們，否則便真是假仁假義了。

真正的暴徒其實人數很少。我們可以把不滿港府的人，尤其年輕人分一分層次。六月九日遊行人數根據我與一個四十人團隊用幾種可互相印證的方法估計，有近二十萬人，不是民陣誇大了五倍的一百零三萬。六月十六日那次有四十萬，七月一日則近二十二萬。這些人絕大多數和平，不算特別激進，但不滿政府。七月一日晚包圍立法會的有三、四萬左右，主要是年輕人。帶頭破壞立法會的，大約有十人左右，衝入去繼續破壞的，據有些人估計有百多人。香港十八至三十五歲的年輕人大約有一百六十萬人，全港人數七百四十萬。從這些數字可見，政治較活躍的不滿政府的人佔總人口及年輕人口的比例仍然很低，有暴力傾向無法無天的則更少。

不過，人數多寡並非決定政治方向的唯一因素，人數少的組織往往組織力更強、影響更大。對年輕人而言，社會流行的思潮可使他們感到同儕壓力。香港年輕人大多受制於樓價高聳、收入停滯等因素。要解決這些問題，是否有普選基本上毫無作用，反而與大灣區的融合才是重大機遇。

大灣區是目前整個世界經濟最有動力的地區，連我的母校芝加哥大學二〇一九年暑假也派遣了二百五十名學生到大灣區實習，由此可知沒有偏見的人如何看待這地區的潛力。但可惜的是，香港年輕人當中卻有一種思潮阻礙着他們向此探索，這便使得很多年輕人感到無路可走了。不解決他們的思想問題，我們大可預料，他們將來的經濟處境一樣會原地踏步，難有寸進。

林鄭説要把施政重點放在年輕人身上，這是對的。她説要多聆聽，這也許有用，但若想單靠此而解決年輕人的問題，卻是緣木求魚。聆聽了以後又怎麼樣？難道政府各種資訊架構還不夠多嗎？政府缺乏的是高效率的領導力與執行力。舉個例子，有朋友聽説填海造地也要蹉跎歲月十多年後才初有成果，立時説佛都有火。

政府的多聆聽不能説完全沒有用，但聆聽不等於任由一些人隨便幹出違法的事。有法不依，對破壞社會安寧的活動便容易侵蝕年輕人的思想，使他們走錯路。政府不用當年輕人的家長，但違法的便要檢控，這是起碼的，而且在事發前便要讓年輕人知道。這是對年輕人的真正愛護，那些煽動年輕人犯法，默許他們犯法的人不是在尊重年輕人，而是在摧毀他們的前途，其心可誅。

聆聽不可無規矩方圓與法制，光是責罰不去聆聽也不對。社會中人，無論政治觀點如何，都應與暴徒割席，除惡要及早，年輕人為了自己的前途及建設一個更美好的社會，也應慎思明辨，開放心靈，不偏聽一方，否則他們會是最大的輸家。

警察若自身難保，香港希望何在？

潘麗瓊

二〇一九年七月十五日凌晨三時，我突然驚醒過來，拿起手機，被傳來的沙田「和平遊行」之後的血腥暴行照片和短片嚇到，圖片見到一個穿紅衣拿着黑色購物袋的女士，惶恐地從一班黑衣暴徒中奔跑逃命，有暴徒從後踢跌一個便衣探員，十幾人圍毆他，用雨傘襲擊及用腳踢他，若非一個攝影記者捨身坐在這個警員身上，用身體阻擋，恐怕他已經被打死了，另一邊又傳來，民眾滿面鮮血倒地的照片，我的心碎了……

這是我熟悉的香港嗎？每次都是先和平遊行，後暴力衝突，遊客不敢來香港，沙田店舖不敢做生意，上水藥房被搗亂不敢追究，無綫記者被人打，報警求助都沒用，因為警察自己也被人打……民眾追求的民主自由，會因為圍毆警察、破壞財物、毀滅法紀而得到嗎？警察一樣會火遮眼，對立加深對立，仇恨滋生仇恨，暴力帶來更多暴力。香港人的理智和良知哪裏去了？我們會因為姑息暴力，歪理變真理而重獲安寧嗎？

然而，我幾乎可以肯定，翌日的媒體大都會報道，警察在濫用暴力，使用胡椒噴霧，用警棍打市民等……民眾一定會說：「是林鄭的錯，不聽市民意見，是警察的錯，用武力對付市民。」但是誰掀起這場沒完沒了的暴力抗爭？有什麼政治主張都好，都不能訴諸暴力。

當示威是常態，哪有希望？

當光復是黑暗
示威是常態
和平是暴力
暴徒是英雄
謊言是真理
欺凌是主流
霸道是民主
崇高是卑劣
保衛是破壞

政府是懦弱
群眾是輸家
勝利是失敗
民眾噤若寒蟬
警察自身難保
香港哪有希望？
仇恨蒙蔽理智
我深愛香港，卻欲救無從。

我看到仇恨像毒液，蔓延全城，親友為敵，朋友絕交，仇恨蒙蔽人們的理智，把暴徒英雄化，把警察妖魔化，暴力合理化。對立引致更多對立，仇恨只會滋生更多仇恨，暴力引發更多暴力，恐懼帶來更多恐懼。暴力和仇恨不是解決辦法，它只會令人更加愚昧，喪失理智，犯下一生後悔，難以彌補的錯誤。

每次衝突緣起，都是以和平大遊行為名，暴力抗爭為實，以此免被控告煽動暴亂。所以，有些「示威者」和平遊行完畢，便戴上口罩頭盔，帶着削尖的鐵枝、磚塊，變身暴徒。有些不滿政府的香港人，覺得交由這些不知來歷的暴徒，向政府施以顏色是可靠的，要將之英雄化，在暴力搗亂後，為其爭取特赦，匪夷所思。因為明知會犯法，暴徒恐怕被認出會有刑責，所以遮臉。如果只是純粹和平遊行，為何戴口罩和拿鐵枝？

暴徒和警察都活在無意義的戰爭中。他們本來互不相識，卻一瞬間變成殺父仇人般，自相殘殺，所為何事？

我們究竟在爭取什麼呢？十八區輪流大遊行，六十九個地點變成連儂牆，一張張便條其實是戰書，不斷挑起民眾之間爭拗、打鬥和警民暴力衝突。我們渴求民主自由社會，真的會因為無日無之的暴力衝突而達至嗎？

一旦不幸被選中作遊行的地點，頓變紅番區，汽車和公車改道，生人勿近，事後滿目瘡痍，損失不知向誰追討。遊客絕迹，生意蕭條，受影響的必然是打工仔，這真是大家所樂見的？

這場名為反修例的政治運動，正在荒謬地不斷把它的禍害擴大。

本來，修例緣起，是針對有嚴重刑責的逃犯，但反修例掀動香港人埋藏心裏恐共的情緒。反修例被冠以「反送中」的名目，實是「反中」政治運動，這股情緒在非法佔中運動失敗後，一直未梳理好，只是被壓了下來。反逃犯條例修訂是導火線，一經燃點，即如野火燎原。

民眾指摘政府長期偏聽，不理人民訴求，官逼民反……但是人民的訴求究竟是什麼呢？如果是香港獨立，脫離一國，這是否為真正的選項？如果不是，我們是否應該聚焦在香港能夠在客觀限制下，所能切實達至的，透過溝通和協商去爭取。好應冷靜下來，跟政府協商，有理有節地爭取在客觀限制中，香港人能夠爭取到最好的。

否則，香港在集體自殺，自己消耗自己，將幾代人辛苦建設的香港，一夜消亡。

仇恨之風正在香港蔓延和膨脹

周八駿

二〇一九年七月二日下午四時許，香港大公文匯傳媒集團（大文集團）一名員工佩戴工作證外出就餐，從興偉中心走到約百米外天橋的電梯口時，突遭兩名穿黑T恤、黑色長褲、頭戴黑色鴨舌帽，並背上黑色背包的口罩男以木棍暴力襲擊。該員工腿部、手部被擊傷，現場血迹斑斑。除該暴力事件外，還有大文集團員工乘坐印有集團標誌的公司車下班時，在灣仔一帶遭黑衣人惡意對待，以相機拍攝，並做出不文明手勢。

特區政府和香港社會必須正視這一現象。一方面，具國家背景的媒體員工遭「白色恐怖」，另一方面，在七月一日暴徒蹂躪立法會大樓過程中，建制派背景的立法會現任和前任主席的畫像或遭塗污或被打翻在地，唯有港英時代立法局兩任主席的畫像完好無損，愛憎何等分明！

在二〇一四年非法佔中期間，香港社會分裂，兩大對抗政治陣營之間也愛憎分明，但是，「拒中抗共」政治勢力中的極端激進分子遠不如眼下暴虐，他們對愛國愛港團體和機構成員之仇恨遠不如眼下瘋狂，當然，他們對同一陣營的長者和同輩所表示的敬意和關懷，也遠不如眼下毫無顧忌。

二〇一九年六月中下旬，警察遭反對派仇恨和惡毒攻擊。踏入七月，愛國愛港團體和機構員工開始成為反對派報復對象。香港社會正在瀰漫和膨脹可怕的仇恨風氣。

不能不指出，特區政府面對反對派猖狂反對修訂《逃犯條例》和《刑事事宜相互法律協助條例》的軟弱，在某種程度上，讓反對派產生了錯覺以為香港政局已被他們控制。

不能不指出，特區政府疲於應付反對派五項要求，分身乏術，對反對派向愛國愛港團體和機構人員施以「白色恐怖」缺乏應有重視，遑論採取相應措施。

特區政府對待反對派提出的五項要求，第一項撤回《二〇一九年逃犯及刑事事宜相互法律協助法例（修訂）條例草案》，實際已接受，所以有關人士一再勸反對派不要糾纏措辭。到二〇二〇年現屆立法會任期屆滿該條例草案自動失效，不就是等同「撤回」？反對派要求政府撤回關於二〇一九年六月十二日「暴動」的定性，同年七月一日政府發言人稱政府從未將六月十二日衝突事件定性，也等於接受了反對派要求。其他三項，政府迄今拒絕。因為，第三項就六月十二日事件成立獨立調查委員會和第四項特赦所有被捕者都同意的話，那麼，最後一項也同樣不得不同意。

行政長官希望香港居民給她一個機會來改善施政、繼續服務香港。當務之急是必須盡快恢復社會安定。如果仇恨之風繼續蔓延和增強，那麼，政府就將沒有空間和時間來改善施政。

首先，必須嚴格執法。二〇一九年六月二十九日淩晨，一小撮人私闖中環海濱一幅 0.3 公頃的軍事用地（將建軍用碼頭）。政府新聞處發表聲明稱，該處已是「受保護地方」，任何人無適當授權進入受保護地方，或在該地方內做出無授權的作為，或做出非法行為，可被拘捕。任何人抗拒或妨礙特派守衛及警方履行職責及執行拘捕，以及拒絕離開，均屬違法，一經循簡易程序定罪，可罰款兩千元及監禁六個月。試問：至今有關疑犯是否被拘捕？

二〇一九年七月二日凌晨，行政長官嚴肅宣布，對於攻入立法會大樓肆意破壞者必定追究。試問：至今拘捕了幾個疑犯？

二〇一九年七月一日，在立法會廣場。把中華人民共和國國旗降下代之以黑色的香港特別行政區區旗，同時，把一側的區旗降半旗，相關視頻廣為流傳。試問：有關疑犯是否已被捕？七月一日立法會大樓遭暴力嚴重損毀事件，迄未見政府定性，警方如何確定拘捕疑犯的尺度？

大文集團一名員工被暴力襲擊案也必須偵破。上述各案的疑犯被拘捕後，律政司必須盡快決定起訴，法院也要盡快審理。政府如果畏首畏尾，司法機構如果慢條斯理，甚至對疑犯所表達的政治立場和觀點寄予同情，那麼，仇恨之風很難煞住，社會很難安定。

香港的問題正是由民主政治衍生

邵盧善

《逃犯條例》修訂爭議觸發動亂，遊行集會各個星期都有，警民流血衝突幾乎已成常態，港人心頭都有陰影，社會何日恢復安寧？

觀察傳統媒體、網絡媒體、社交網絡的輿情，支持與反對者依舊執著，看不見任何突破迹象。

法政大老李國能曾發表公開評論，提出多項實質建議，包括撤回修例、譴責暴力、成立獨立調查委員會、支持林鄭政府修好社會。李國能是特區政府第一位首席大法官，二〇一〇年退休，在位十三年，奠定終審法院威信，贏得社會一致欽佩。這樣一位德高望重的長者，應該是領導港人破解當前困局的不二人選，他提出的批評與建議，切中修例風波要點，迄今為止，合情合理合法，最有分量。可惜，李氏文告發表之後，輿論反應出奇冷淡，未有迹象顯示有人跟進。

西方論者評及香港問題，多數歸咎政制不民主、年輕世代看不到未來希望。其實，問題所在，正正是由民主政治衍生，推行民主或是追求民主過程中，忽略了一個重要元素：「agree to disagree（求同存異）」，在不擇手段政客的挑撥之下，不同意見的人彼此視為仇敵，社會分化成為互不信任、不相往來的碎塊族群。

不要說香港，英美等成熟民主地區也如是。

美國總統特朗普曾在推文中猛烈抨擊美國眾議院四位有色女議員，叫她們滾回原來之地（四人中有三人生於美國長於美國，另一人是移民已入籍多年）。種族歧視是美國社會大忌，傳統上，被冠上Racism（種族主義）這個標籤，就是大惡不赦，受社會唾棄。民主黨迅即行動，在眾議院通過譴責特朗普種族歧視言論，可是共和黨竟然為特朗普護航，甚至支持他的言論。「USA Today」民意調查，雖然有百分之五十九認為特朗普此番言論違反美國信念，但是，共和黨人中有百分之五十七贊成「趕她們回原地」，在一個特朗普競選集會中，支持群眾還大呼「Send her back（趕她們回原地）」口號！

有人說，香港青年沒有投票權決定自己的未來。看看英國，年輕人有投票權，二〇一六年的「脫歐公投」他們也踴躍投票希望留在歐盟，可是，公投通過脫歐，他們還是不能掌握自己未來。公投後三年，國會多次表決，如何脫歐仍然未能定案。關鍵在於不民主嗎？關鍵在於族群利益不同，以年齡計，四十五歲以下過半贊成留歐，因為歐盟一體天大地大，發展空間廣闊；四十五歲以上的普遍贊成脫歐，因為擔心歐盟居民赴英分薄福利。公投後三年，政客各為族群堅持利益，寸步不讓，在距離一延再延的脫歐最後期限只有三個多月的時候，英國還沒有方案。

英國前首相文翠珊曾發表演說，人之將退，其言也善，被認為是對當前選舉政治政客一記當頭棒喝。她說：「……政治人物應該針對人民真正需要，而不是投其所好，發放不能兌現的空口承諾……很多人已喪失『我不同意你、但是尊重你的意見』的素養……雙方有讓步準備的游說及協商才能達成實質結果。」

洋紫荊革命何時能在香港終結？

楊志剛

數以萬計的香港青年第一次海誓山盟，不是獻給日夜思念的伴侶，而是在烈日街頭和兵荒馬亂的抗爭中獻給了他們追尋的「民主」。這場運動感召了跨代港人，亦成為中小學生的精神歸宿，為他們長大後的熱血街頭提供了必需的歷史記憶和貞忠的盟誓。這股跨代集體感情，深遠地塑造着明日的香港。建制派至今仍在探討為何香港局勢在穩中向好時，會爆發這場始料不及的災難性抗爭；但在美國中央情報局眼中，這場洋紫荊革命，是逃不掉的歷史必然。要研判這場革命如何終結，首先要看清革命源頭。

香港回歸以來，香港未曾出現過長治久安的勢態。由英治時期的威權統治過渡到《基本法》訂明的「雙普選」最終目標，是翻天覆地的民主轉型和權力重新分配，製造了爆炸性的政治參與機會和夢幻式的民主想像。還在求學的青年才俊除了標榜幾場抗爭體驗之外毫無工作經驗，遑論公績紀錄和地區服務，卻可以在選舉中高票當選。這是把握了爆炸性的民主機會、成就了夢幻式的民主想像。他們贏得選舉的方程式簡單有效：沒有最激，只有更激。

香港特區的歷史從來沒有偏離過「只有更激」的軌道。由每年不斷的和平示威，循序躍進到每年不停的抗爭、暴力衝擊，甚至武鬥，是令特區政府束手無策的新困局，但卻是多場顏色革命的老劇本。

泛民主派以激贏取選舉，亦引發建制回激，一招「DQ」讓建制派大快人心，卻惹來港獨更激，成就了大撕裂，然後惡化為仇恨，為政治動員提供了爆炸力。香港成功處理了非法佔中和旺角暴亂，但每一次抗爭的完結，都只是下一次更激抗爭的累積。

西方黑手搞過多場顏色革命，對推動「革命」需要什麼內部條件和外來激發，有精確把握。公眾普遍着眼於西方黑手在攪局時如何提供資金、制訂策略、發動文宣等行動層面，但「搞革命」從來需要有堅實的理論基礎作指導。美國中情局和有關機構資助不同學者和智庫，對政權不穩定的成因和個案作了大量系統性研究，制定詳盡的政權特徵分類表，例如Polity IV Project，根據不同指標制定「國家脆弱指數」（Fragile States Index），發展了一套預測政治動亂的分析工具。其中一所智庫是「政治不穩專案小組」（Political Instability Task Force），直接由中情局資助。小組成員之一貝克教授（Colin Beck）於二〇一七年辭掉該小組的工作，他在公開的辭職聲明中表示：「全球政治不穩定最大的源頭是美國政府。」

已公開的「國家脆弱指數排名」和動亂分析並不包括香港，因為獲得排名的全屬主權國。當然西方勢力在香港攪局，一切分析和情報，盡在掌握。綜合「國家脆弱指數」所採用的指標來測試香港，幾乎是所有指標都亮紅燈。原來香港的政權是這樣脆弱，西方黑手只要把握時機順水推舟，引發大規模衝突是香港無法逃避的宿命。如果沒有中國強大的穩定威懾，香港政權變色只是時間問題。

香港的民主轉型已接近爆發期，是先天性的不穩定。全球一百九十五個國家，能長治久安的只有兩類模式。一類是民主穩固型的國家，如澳洲、印度。另一端是威權穩固型國家，如新加坡和朝鮮。其餘統治模式都是在兩者之間遊走的轉型期，是不穩定的過渡狀態，直至成功轉型為民主穩固或威權穩固。香港人一直擁抱西方民主思想，雙普選是能夠提供香港長治久安的民主穩固模式；重啟政改，是打破香港「只有更激」長遠困局的理想出路。

中央對港政策的一個主要考量，是維護國家安全。只要國家安全得到保障，就算雙普選的選舉結果充滿中央操控不到的不確定性，也應屬中央容忍範圍之內，更可加強香港「一國兩制」的獨特性，增加台灣對「一國兩制」和平統一的安心。

保障國家安全需要三項動作。首先要為《基本法》二十三條立法；第二，要就網絡安全立法；第三，立法規管外來勢力。在國際地緣政治角力下，外來勢力在港無處不在。西方民主國家均有法例規管外來勢力，確保外國代理人必須向有關當局定期報告他們為誰工作、幹什麼事、收多少錢。他們的資金來源及流向，必須清楚交代；所製作的政治宣傳物品，必須清楚註明「受外國支持」。香港應為此立法。

有了這三條立法保障國家安全，中央便可以讓香港實行令中央安心、港人舒心、台灣冷眼旁觀放心的雙普選，達至民主穩固。倘若港人不接受國家安全立法，令到香港無法邁向民主穩固，則動亂只會不斷加劇，直至民意逆轉，允許制度的力量默默加強維穩的力度，讓我們邁向有香港特色的威權穩固；屆時雙普選會被「暫緩」；行政主導不斷加強、民主倒退如「DQ」等行動加劇。邁向威權穩固的轉型會較邁向民主穩固更為痛苦，並非香港之福。

這場洋紫荊革命把香港推到十字路口，強迫港人和中央為香港何去何從作出根本性抉擇。邁向民主穩固是香港最佳出路。這需要每名港人都照照鏡子，拿出「民主」的樣子，以民主方法邁向民主穩固。

雙重標準的暴力，是最嚇人的恐怖主義

屈穎妍

我討厭暴力，更討厭雙重標準的暴力。

反對派議員在元朗襲擊事件後開記者招待會，毛孟靜說：「不能把元朗襲擊事件與反送中示威者相提並論，我們的年輕人只是傷物（傷物件），沒有傷人，也沒有特別的衝擊，這樣比較不公道。」

我對政棍睜着眼睛說謊的能力，真是拜服得五體投地。年輕人只是「傷物」？原來，沙田那位警察被咬斷的手指是「物」，原來，血流披面的執法者都是「物」。

遠的不說，就說近的，同一個晚上，反修訂《逃犯條例》的遊行隊伍衝去西環中聯辦搞破壞，沿途設了路障，堵塞交通。有位年輕人開着客貨車駛至干諾道中，遇上暴徒的路障，氣上心頭，於是下車動手搬走堵路物，更氣言「阻住晒……」

結果，這司機立即被幾十人圍毆，打到滿身傷痕、衣衫襤褸，更慘的，是他的客貨車也被暴民瘋狂砸毀，擋風玻璃及所有車窗盡破，倒後鏡也被打爛，車門損毀，車身被噴上五顏六色油漆。

這個司機，只是個開 GoGoVan 糊口的小市民，卻因為說了句「阻住晒」的真話就被圍毆，最後連生財工具都沒有了。因為他不是議員、不是名人，在每天海量的信息中，他的事無人關注，他的新聞只佔報章報道的一百多字。

想請問毛議員，如果你說元朗的毆鬥不能與中環的示威者相提並論，那麼，我們該如何演繹你口中可愛年輕人對這位客貨車司機的「傷物又傷人」？

林卓廷用大紗布貼着手臂兩條藤條印譴責暴力，反對派議員一字排開聲討元朗暴力，卻沒有人為無辜路過就失去所有的客貨車司機所受的暴力鳴過一句冤。他受的暴力，不但是身上的，還是心靈的，司機從地上爬起來，看到搵食（謀生）工具被毀的一臉彷徨，我覺得，社會上這種雙重標準的暴力，才是最得人驚的恐怖主義。

與暴徒作戰，特區政府最需要做的三件事

陳莊勤

因為反對《逃犯條例》修訂而在香港引發的社會撕裂和突然而來的巨大反政府浪潮，是香港特區政府自回歸以來面對的最大挑戰。

二〇一九年六月九日及六月十二日的大遊行所顯示的是香港正面對全新的局面。以年輕人為首的一股有組織的反特區政府與反中央政府浪潮，正以針對警隊為掩飾，衝着要摧毀特區政府的管治權威而來。面對這一股浪潮，特區政府一再退讓：擱置《逃犯條例》修訂、停止《國歌法》條例的審議。但這些退讓沒有使這股反政府浪潮平息。七月一日，部分暴徒甚而搗毀立法會玻璃外牆衝入大樓，在個別反對派立法會議員引領下在立法會大樓內肆意破壞。

對於這些明顯的暴力破壞行為，反對派政客不單不予譴責，反而處處包庇。外國勢力也開腔，以政府沒有回應民意為理由加入攻擊特區政府。

但那是什麼民意？那是用磚塊與鐵枝攻擊警察威逼政府、加上媒體以片面事實偏頗報道誤導與社交媒體不斷的謊言構建的民意。作為有效管治的政府，怎可能在這樣的脅迫、誤導與謊言下回應？

特區政府以為向「公眾」道歉可以讓事件平息。但就如一些人所說，反政府的人並不會因為政府道歉而罷休。政府不道歉，他們會說政府無悔意；政府道歉了，他們會說政府的道歉沒誠意。反正已嘗到勝利的甜頭，他們哪會罷休？他們只會步步緊逼，進而每星期在各區搞事。

香港主流媒體的不專業與立場嚴重偏頗，已是不爭的事實。就如在二〇一九年七月二十一日元朗發生暴力事件後的記者會上，屬於香港政府的《香港電台》記者利君雅向林鄭月娥不客氣的質問：「昨晚你睡得着嗎？」在特首表示「這個多月都好擔憂……」後，利君雅竟然高聲批評特首說：「你不要這樣啦，講人話吧。」（即不要說鬼話）這是什麼記者？一個專業記者怎可以如政客互相攻擊一樣以自己的立場攻擊被訪者？香港記者水平低、不專業、早有預設立場，在這次記者會中表露無遺。而媒體報道傾向，從記者的取態已清楚不過。

二〇一九年七月二十一日暴徒在中央政府駐香港聯絡辦事處外牆破壞後，轉往上環，個別電視新聞網及報章的新聞網一直進行現場直播。公民黨立法會議員譚文豪在上環上鏡，他身邊的口罩黑衣暴徒正不斷向警察擲磚擲木棍玻璃瓶，他卻向警察呼喊叫警察克制，說示威者正在後退。他沒有請正不斷向警察擲磚擲木棍玻璃瓶的暴徒克制。另一個不知哪裏來的女士當晚用揚聲器在上環向警察喊話了兩個小時，說示威者正在散去，她說人很多，說散去需要時間，哀求警察不要向示威者施暴。

在直播畫面上看到的「示威者」只有幾百人，不少人仍然在扔擲玻璃瓶子，兩小時也散去不了？她在說什麼？是不是如《香港電台》記者利君雅說的正在「講人話」而不是講鬼話？

電視新聞只播這位女士喊話，沒有擲玻璃瓶畫面；只播譚文豪的喊話，不播暴徒擲磚畫面。很多香港人便是被引領只相信譚文豪和這位女士鏡頭前的片面事實，對其他事實好像沒發生過一樣。早已被這種片面宣傳洗腦的年輕人更是只相信他們願意看見或被告知的事實：黑警在打人，示威者無故捱打；他們不會看也不願意看事實的全部。

不論是現任特首或前任特首，均從未有遇過如今天這樣可怕的對手。現任特首林鄭月娥以前是公務員，在她駕馭與依賴的公務員系統下，處理日常政務的確是綽綽有餘。在新的政治形勢下，她面對的是漸漸清晰顯示的有組織、有計劃、着重文宣的同時，也是在反對派議會內政客包庇下街頭暴力脅迫的全方位攻擊，再連同個別戀殖過氣政客與前殖民地高官跑到外國引入外國勢力呼應。

對特區政府來說，現在其實在作戰，是在與有人包庇及外國勢力支持的暴徒作戰。暴徒早已視這場他們稱為「反送中」的運動為一場「光復香港、時代革命」的戰爭。

面對這些有人包庇、有外國勢力呼應、挾着宣傳絕對優勢，絕不罷休的暴徒，以林鄭月娥為首的特區政府最需要的是：

一、建立一個可以信賴快速反應的心戰室，由一班智囊協助制訂作戰策略，對任何突發與非突發狀況作出迅速的反應決策；

二、組織一支可靠及反應敏捷的文宣隊，第一時間全方位及不斷重複反駁敵對勢力的謊言或片面事實，在敵視與處處攻擊政府的媒體包圍下突圍，奪回話語權；

三、對暴徒與包庇暴徒的勢力，應文與武兩路全面對抗，絕不妥協或姑息。

殖民地時代末代港督彭定康在一九九二年來港履新時，面對的便是在香港主權回歸前與中方全面對抗的新形勢。事實是：他到港後便立即建立了他自己的心戰室，包括他從英國帶來號稱「大細龜」的從英國政府借調的戴彥霖（Martin Dinham）和從英國保守黨帶來年僅二十八歲的黎偉略（Edward Llewellyn）作為他的私人顧問；加上委任長期已在香港的顧汝德（Leo Goodstadt）領導中央政策組、及從殖民地政府調派的賀理（Richard Hoare）為港督私人秘書。

彭定康也是殖民地政府有史以來唯一一位有自己新聞秘書的港督，掌握宣傳及作為他的發言人。彭定康委任的私人新聞秘書是英國人：從殖民地政府資訊統籌專員調任的韓新（Mike Hansen）；後來接任的是已服務殖民地政府二十年的澳洲人麥奇連（Kerry McGlynn）。

英國人戴彥霖、黎偉略、顧汝德、賀理，加上韓新以至後來澳洲人麥奇連形成了彭定康時代對中方作戰心戰室的決策核心，制定應對中方的策略。殖民地體制作為港督最終決策顧問的行政局，對彭定康來說只是裝飾和形式上的橡皮圖章。彭定康五年任期政府編制中的港督秘書華人公務員梁寶榮及後來的曾俊華只是坐在港督府的秘書，英國人賀理才是彭定康心戰室的秘書；而華人充斥的新聞處，彭定康更是根本不會信賴。

從末代港督彭定康對中方作戰的佈局，現任特首應當可以從中獲取智慧，作為她面對目前挑戰的參考。

中央政府史無前例地在二〇一九年七月二十九日通過港澳辦的記者會向公眾發布了中央政府的看法：（一）近期少數激進分子的暴力活動挑戰香港的法治和社會秩序，嚴重觸碰了「一國兩制」的原則底線；（二）中央政府堅決支持林鄭月娥帶領的特區政府懲治暴力犯罪分子，並向忍辱負重的優秀香港警察致敬；（三）繼續亂下去香港社會要為此「埋單」，敦促特區政府與各界推動經濟發展、改善民生、紓解社會怨氣。

面對香港目前的亂局，中央政府應對暴力分子的取態是強硬的。近期可以看到的是香港警隊對示威者的暴力行為也轉趨強硬武力回應，而特區政府也轉趨強硬，罕有地對二〇一九年七月二十八日上環暴動的四十多名被捕者第一時間以暴動罪進行檢控。香港政局能否短期內撥亂反正，要看特區政府是否能改進決策核心、擺脱軟弱、加強文宣，以擇善固執的堅定態度面對目前凶險嚴峻的形勢。

是誰有惡毒的心腸，連警察的家人也不放過？

潘麗瓊

我自小在黃大仙長大，我長兄曾經當差，曾住在黃大仙警察宿舍裏。黃大仙是養我育我的地方，當看到她滿目瘡痍的時候、龍翔道被堵塞的時候，真是欲哭無淚，更是滿腦子問號……

是誰有如此惡毒的心腸？不僅不斷包圍各區警署，十八區示威暴亂、粗口、磚塊、鏹水、鐵枝作武器。現在，連警察的家人都不放過？毀壞閘門、掘爛路上的磚、肆意縱火、在外牆噴上毒咒？擲爛人家的玻璃窗？

有沒有想過那裏家有老少、手無寸鐵？有沒有想過萬一火種一發不可收拾，會釀成巨災？有沒有想過滿天飛的磚塊，會破窗殺人？他們跟你無怨無仇，你為何出此毒手，毀人大好家園？你究竟是什麼人？你希望達到什麼目的？

網上召集你就去嗎？身邊和你一齊犯法的人，除了都穿黑衣之外，你知道是誰嗎？連他的樣貌你恐怕都沒看清楚！你將要令其家破人亡的對象，姓甚名誰，你也是矇查查。比黑社會買兇殺人，更離奇荒誕，更愚昧無知。

就在二〇一九年八月五日當晚，北角發生類似元朗白衣人襲擊事件，警方收到緊急求助案。但北角分區警署被暴力示威者包圍，嘗試出閘派人到場時，被示威者攻擊，香港不少其他幹道亦被佔領。黑衣人就對警察延遲救援表示不滿。

警察何時變成黑衣人的私人保鏢？呼之則來，揮之則打？聲聲「黑警」？以「狗餅」侮辱？連警員的家也成煉獄？對於不仁不義的黑衣人，我無語問蒼天。

遏制香港暴力浪潮的重要方法

阮紀宏

二〇一九年七月二十九日，國務院港澳辦發言人召開記者會，雖然沒有驚喜的宣布，但總算有高級官員強勢現身，使得香港近日出現的各種謠傳和猜測，一掃而空。港澳辦發言人楊光最令人關注的是「撐警」的表揚言辭，相信除了安撫香港的警察以外，還有一層意思，就是依靠香港警察將香港重新納入法治的正軌，目前暴力抗議的浪潮還沒有得到有效遏制，令人擔心的是，香港的法治將如何得到捍衛。

港澳辦發言人對香港警察的表彰，在用詞上毫不吝嗇，楊光說：「謹向一直堅守崗位、恪盡職守、無懼無畏、忍辱負重的優秀香港警察，致以我們崇高的敬意！」如果挑剔，就差在崇高之前沒有加上一個「最」字。港澳辦發言人吶喊幾聲，引用魯迅的話：「聊以慰藉那在寂寞裏奔馳的猛士，使他不憚於前驅。」

香港警察面對暴徒沒有害怕前驅的表現，當然值得表揚，港澳辦發言人用的是直截了當的正面表述，反觀特首林鄭月娥的說法，「警隊保持高度專業和克制」，則可圈可點。克制是有目共睹的，如何理解警隊高度專業呢？

警隊的表現是克制還是過於克制，值得討論。有關應對大規模示威場面的戰術與部署，受制於很多因素，外行人難以討論，但對於一些針對警察的做法，則是社會人士應該發聲的時候。考評局通識教育科科目委員會主席、資深通識科教師賴得鐘在社交媒體上散播「黑警死全家」的言論，後在社會輿論下辭去委員會主席的職務，僅此而已。這種仇恨言論在網上無日無之，是由於社會對此過於「寬容」。

在法國，發表仇恨言論可以被判監六個月，而在香港，這名枉為人師還能保住教席，包容的後果是毒言惡語蔓延，有學校的助理校長發表仇警言論，說「黑警的孩子活不過七歲，如果七歲或以上，二十歲前會死於非命」，這不但是涼薄或者狠毒的問題，是有此行為的老師，是否應該開除教席以及取消教師資格的問題。

不法分子在連儂牆上張貼載有警員個人資料的海報，警察是在深夜三點去將它撕下，但沒有追查和逮捕張貼的人，這樣對待違法行為叫克制。警隊的克制，是在等社會為他們主持公道，如果社會對此仍然寬容，警隊的克制，還能維持多久？

克制與專業，在某種特定的情況下，是同一種表現，但不能一概而論。警察是否過分使用武力去執行職務，克制與專業是否可以區分？一名正在執勤的警察，在沙田新城市廣場被後面的蒙面黑衣人一腳踹下電梯倒地，然後被十多人圍住攻擊，拳打腳踢而且用雨傘尖捅身體，在生命受到威脅的情況下，沒有拔槍示警，是十分克制。如果他拔槍，甚至是鳴槍制止暴徒繼續攻擊，也是專業的表現，不能以偏概全地將克制跟專業畫等號，更不能接受如果不克制就等於不專業的潛台詞。

反對派指控警察濫權，目的十分清楚，就是要警察「棄械投降」，在社會安寧不能得以維護，公共秩序不能得以維持，甚至是警察的人身安全都不能得以保障的情況下，仍然不可以使用任何武器，否則就是濫權。這樣的指控，絕對不是社會共識，然而，即使兩次「撐警」集會，一次比一次人多，充分表達了社會大眾對警隊的支持和殷切期望，仍然沒有起到應有效果。此時此刻，港澳辦發言人表示：「當前最重要的任務是堅決依法懲治暴力犯罪行為，盡快恢復社會安定，維護香港的良好法治。」這是振聾發聵之音，是香港市民的期盼。

港澳辦官員沒有使用暴徒的字眼，但希望特區政府「依法懲治暴力犯罪行為」，意思很清楚，什麼人是否干犯暴力罪行，由法庭依法判斷，這是對法治精神的體現。而目前連續發生的是，暴徒以人多勢眾用暴力打砸手段去脅迫政府不能逮捕以及不能判定他們是暴徒，這是對法治的嚴重破壞。

任何社會都需要法治來維持正常的秩序，反對派更以法治之名，聲稱以此保護一國兩制中的香港一制，現在中央表態要支持香港維護法治，反對派不敢正面辯論，卻說中央官員不了解香港民情。現在迫切要做的是，社會輿論大力支持警隊和特區政府採用一切可能的手段，去維護香港的法治，並且壓制一切破壞香港法治的違法行為。

港人以「公務員」身分集會，合理嗎？

馮煒光

二〇一九年八月二日晚，有香港公務員在中環遮打花園發起集會。筆者不禁想問：以公務員身分集會，行嗎？

未回答上述問題時，不妨先問：特朗普是美國近年最具爭議的總統，你有聽過美國公務員下班後集會，反對特朗普的政策嗎？

回望香港：若有法官對示威者私下製作爆炸品，十分不滿，認為隨時會危害他們及其子女的人身安全；他們可以在下班後，以身為「司法人員身分」集會表態嗎？若有一群特區入境處人員不滿加拿大政府拘捕過境的孟晚舟，認為孟女士不幸成為中美貿易戰下的代罪羊，他們可以用「入境處員工身分」在下班後，去加拿大駐港領事館，表達不滿嗎？

筆者對上述答案都是否定的！因為他們都用了自己的「職務」的身分去表態，有誤導公眾和輿論的效果，讓公眾擔心他們在執行職務時，不能不偏不倚。同理，以公務員身分去組織集會，也是有誤導公眾的效果，假設一位周先生是勞工處的，倘若我是一位贊成《逃犯條例》修訂的僱主（筆者真的是其中一位），你周先生申請集會並表態支持民間人權陣綫的「五大訴求」，我怎能相信你在處理我公司的勞工議題時，能恪守專業？

至於王永平說公務員要「政治中立」是他十年前寫的，故公務員集會沒有違反「政治中立」，這完全是歪理。王說公務員以「個人身分」集會沒有問題，那為何集會又要表明是「公務員集會」，這不是自相矛盾嗎？

王說公務員只應「對體制忠誠」，行政長官不就是整個體制的代表嗎？《基本法》第四十三條不是寫得清楚：行政長官「代表香港特別行政區」嗎？那為何公務員不向代表特區的行政長官，表示忠誠？還要搞集會逼行政長官回應反對派的「五大訴求」呢？集會的公務員是忠於反對派？抑或忠於行政長官林鄭月娥呢？

王永平說公務員要忠於「核心價值」；什麼是「核心價值」，言人人殊。忠於在任行政首長，本來便是英美國家的核心價值。上述特朗普的例子，已很能說明問題。

王永平說公務員有權要求政府政策順應民意？公務員又如何判斷「最高層決策符合市民意願」？至少有相當一部分市民贊成《逃犯條例》修訂，那為何又要「暫緩」？

王永平說「公務員首要堅守法治」，又有哪條法律容許公務員「以公務員身分」去組織集會？王永平續說要求「撤回修訂」，那完全是政治表態；因為香港確實有相當一部分市民支持修訂，那為何王永平及集會的「公務員」有權要求「撤回修訂」？

至於成立獨立調查委員會，既然王永平說要「堅守法治」，為何不能用既有的渠道例如監警會去申訴？難道監警會不是法定機制一部分嗎？

今時今日，有很多前問責官員，他們本來便是有政治傾向的，否則成為不了問責官員；卻以所謂「中立」身分來誤導市民，來誤導公務員，其實際效果是令香港特區政府土崩瓦解，天下大亂，最後達成「顏色革命」的效果。這是大家所願見嗎？

因此，二〇一九年八月二日的集會只是一個市民集會，參與集會的人士是否全部是「公務員」？相信連大會也不能證實。因為集會人士沒有拿出公務員委任證，有些人士甚至戴口罩。明乎此，對這個「市民集會」，應予最嚴肅的批判，因為這是「顏色革命」瓦解政府的套路。

香港社會缺乏互信，再好的制度也無法運作

邵盧善

都嘆香港當前族群對立、社會嚴重撕裂，不同政治信念的人，已經無法同坐一條船，更不要說共度患難。

我沒有調查研究，不知道現今不同顏色的追隨者各有多少，身分背景的百分比如何，排斥異己的程度又如何，我只有個人的親身體驗：「為黃藍之爭而斷親或絕交者，遠超上一波非法佔中前後的unfriend浪潮。」過去多年來我參與的各式群組，包括親人、校友（小學、中學、大學）、朋友（深厚私交的，先後同事、同業），沒有一個不發生組友集體退出事件！

我做了小型調查，問過十多位不同年齡、不同界別的朋友，他們也有同樣體驗，中學、大學校友群組紛紛吵鬧割席，大家心痛的是，幾十年交情的人，都不能互相說服，何以去說服陌生人？我們還追求什麼多元民主？

說來諷刺，政治乃眾人之事，人多口多，觀點也多，七嘴八舌之爭本乃平常，何以惡劣至不相聞問？近年來我常常提及兩句不合現代的成語「志同道合」與「道不同不相為謀」，必須改一改了。

多元社會鼓勵自由認定目標，容許不同目標同時存在。同一目標可以由不同過程達到，所以，「同志不必同道」；為了讓更多不同的人達到不同的目標，不同道者不是應該多溝通、誠懇磋商，免致互

相阻塞嗎？因此，「道不同更需要相為謀」。且看繁忙要道交叉路口的交通燈，精密安排分配時間，不是令往來交通更順暢嗎？交通燈一旦失靈，所有來往車輛塞成長龍，大家不得通行。

形成今日社會困局，政制爭拗固然是因素之一，最重要還是各方面互信蕩然無存，任何一方的言行，都被對方懷疑，再好的制度也無法運作。

政治制度的優劣對錯，衡量標準極多，因應文化、地域、時代等不同而有所變化，所以，沒有一套制度放諸四海皆準。不少年輕世代埋怨，因為沒有普選，他們看不到前路。那麼，不妨借鑑實行普選多年的西方，前景都是康莊大道嗎？

英國應否處身歐盟？英國社會的意見分歧，以年齡分，年輕人過半希望留在歐市，海闊天空，發展空間多；以地域計，蘇格蘭和倫敦市希望留歐，利益可以保留；以宗教計，北愛爾蘭的天主教徒希望留歐，保持和愛爾蘭一體無邊界。可是，一紙公投結果，粉碎過千萬英人的希望，他們有否起來抗爭？公投三年之後的今天，英國換了三個首相，仍然未能決定脫歐方案，英國人（不論支持或反對脫歐）仍然未知明年、後年的前景。

再看美國，幾個農業大州不是都支持特朗普當選總統？特朗普上台後立即掀起貿易戰爭，一再加碼對華關稅，美國農牧產品價格一沉不起，農產人士辛苦多年打造的出口市場，毀於一旦，他們的前景在哪裏？他們有挺身而出對抗打壓他們市場的政策嗎？大家都衝了一段日子，此時此刻，應該停一停、想一想，大家要的是什麼？

香港，謠言氾濫之城

江迅

在外交部例行記者會上有記者問：「香港特區政府將會在（二〇一九年）八月四日凌晨申請駐港部隊對香港實施戒嚴，對於這樣的傳言，中方有何回應？」外交部發言人華春瑩一字一句答：「你說這是傳言，我可以明確告訴你，這哪裏只是傳言，這根本就是謠言！用心非常險惡，就是想製造恐慌。」不是傳言，是謠言！自二〇一九年六月以來，香港就是謠言之城。

他們都說「反送中」，誰說過要「送中」的？整個事件就是從謠言開始，造謠、信謠、傳謠，很多說法完全是污衊、抹黑和誇大。所謂反修訂《逃犯條例》就是被謠言一步步推向高潮。關於修例的謠言原本就荒謬絕倫，反對派聲稱：條例一旦通過，任何港人，只要違法，不論輕重，毋須證據，就會被捕，送去內地審判。英文媒體大多基於這些謠言，上街遊行的人都信了這些謠言。倘從法律和專業角度去分析看透真相，就知道這些都是謊言。

二〇一九年七月二十七日晚，在未經過香港警方批准許可的示威活動中，一群暴力示威者在元朗南邊圍砸壞一輛私家車，聲稱在車裏發現多根藤條，以及一頂「解放軍帽」，這一「消息」傳出，成批示威者隨即衝着「解放軍」出動響應。但從示威者公布的照片看，這頂他們口中所謂的「軍帽」令人噴飯，許多上了年紀的網友說，上次看到這樣的軍帽，自己還只是寶寶。這頂「軍帽」實則為中國八三式武警的警帽，早已停用數十年，但就是因為有「解放軍帽」的謠言，鼓動一批示威者上街。原本以為這場鬧劇僅限於無知的香港「廢青」之間，孰料一些香港媒體不僅沒有澄清事實而以正視聽，竟然還依舊指鹿為馬，為謠言造勢，直指示威者在元朗搜出「解放軍帽」，挑撥內地與香港關係。

造謠，即透過個人想像，虛構事實，並透過各種途徑作出虛假信息散布。謠傳的結果若引起公眾恐慌，例如有人謠傳旺角有炸彈或者有地震，警方可能會介入調查。按香港法律：散播虛假消息，引起公眾恐慌，屬刑事罪行。干犯者有可能觸犯《公安條例》第二十八條或《刑事罪行條例》第一百六十一條，一旦罪成，前者最高可判處十六年監禁；後者則最高會被判五年監禁。

「假新聞」為謠言推波助瀾

當下「假新聞」氾濫，不乏刻意竄改、揑造、誤導，旨在吸引公眾目光的假消息，謠言多是一些不屬於任何傳媒的社交網絡平台發布的所謂「消息」，加上許多網友轉發，結果大量不實消息大幅快捷散播，破壞力驚人，假消息漫天飛舞，讓社會矛盾已相當嚴重的香港加速分裂。香港出現謠言時，按例應由政府主要權威部門或人士及時發聲，同時靠各種媒體及時追蹤澄清事實。

二〇一九年七月，國家網信辦發布《互聯網信息服務嚴重失信主體信用信息管理辦法（徵求意見稿）》。根據徵求意見稿，對納入失信黑名單的互聯網信息服務提供者和使用者，將實施限制從事互聯網信息服務相關的職業，網上行為限制、行業禁入等懲戒措施，香港是否能跟上立法立規的步子？

我曾經就是謠言受害者。十年前，沈某女人一再散播謠言，誣說我是「被派來打進香港傳媒的上海市政府重要官員」，是「中共特工五處處長」，我跟沈女強調，全是謠言。她在某個勢力操縱下，堅持在香港召開新聞發布會，我忍無可忍，自信記者幾十年就是要圖清白，於是去法院告她，官司兩年，我最終勝訴，判令她在報紙上公開道歉，並賠償八十五萬港元，這是香港法院的判決。這件案件也成了香港法院一個特殊「案例」。

何時追究「造謠者」的責任？

這幾個月（二〇一九年六月至八月），特區政府面對謠言四起，把握輿論顯得有點束手無策。有朋友說，政府部門擔心追查謠言反被扣上侵害新聞自由、言論自由的帽子；告造謠者誹謗，又怕上庭打官司，大家知道香港的大法官是怎麼回事。由此，謠言愈來愈囂張而成為社會最強催化劑。那些已造成重大影響的謠言製造者更有恃無恐。

二〇一九年八月六日，網上傳出所謂「政府新聞處發稿，稱特首林鄭將休假七天」，香港「水深火熱」之中，特首怎麼會休假呢？無疑是有人別有用心造謠。翌日，政府發言人為此澄清，說「有關消息毫無根據」。既然是謠言，政府為什麼還稱「有關消息」？連「謠言」兩個字都沒使用。這幾個月看不到政府嚴懲謠言炮製者，看來，管治有改善空間。可以說，造謠者的危害勝過暴徒，當下亟需狙擊謠言，追查謠言，令造謠者付出代價。

是否組成「獨立調查委員會」一度成為熱議話題。我認為，不論如何，一旦成立後應當把追查謠言選作首項任務。究竟是誰把修訂《逃犯條例》「妖魔化」了？果真如此，反對派還會堅持要成立獨立調查委員會嗎？

香港暴亂的破窗效應與對策

陳建強

香港正遭內外惡劣形勢夾擊，對外承受中美貿易戰的反覆熬磨，經濟急速滑坡；對內面對修例風波的焦土「攬炒」，少數激進分子帶頭衝擊，利用網絡播謠和「破窗效應」，煽惑市民「自告奮勇」登上抗爭戰車，並另闢極限衝擊新戰線。中央則以劃清紅線反制，務求穩定安寧，維護一國兩制，恢復社會秩序。

修例風波中的「破窗效應」

「破窗效應」（Broken Windows Theory）是犯罪心理學的一個理論，認為若縱容不良事件放肆，將會誘使旁觀者心存僥倖，盲目仿效甚至變本加厲，形成一窗破全屋毀、一石崩堤壩潰的亂局。修例風波便由打破法治的其中一扇窗起，釀成挑戰「一國」主權和國家安全的港獨分離主義騷亂，嚴重擾亂社會秩序和生活節奏。

另一扇破窗則是體現在暴力抗爭的手段，由最初的和平集會遊行，全面激化為鼓勵三罷（罷市、罷工、罷課）、彈性上班、不合作運動（阻礙港鐵）、快閃式示威、佔領街道和立法會、圍堵行政部門與警察總部、堵塞過海隧道、學校聯署運動、國際媒體登廣告、買「老婆餅」、「燒街衣」等形形色色的抗議行動，雖僅屬學生習作水平，但暴力陡增，既動用汽油彈，更用巨型橡筋彈射磚塊、點燃火頭等，盡顯無限擾民之能事。

綜觀香港的政爭，大多數參與者都是起哄式逞勇，欠目標缺戰略，連下一步該怎麼走也要臨時商議。主事者全程不敢以真面目示人，卻鼓動毫無保護裝備的市民衝鋒陷陣，造成社會動盪，並且承擔受傷和刑責的風險，居心叵測，世所罕見，更是社會之悲！

政府應預早做好「攻防」準備

隨着資訊網絡和社交媒體日漸普及和無人管控，網上充斥着反對派的謠言和幻想，以及真真假假的涉事信息，蠱惑民意、煽風點火，政府應在政治立場及意識形態上，預早做好攻防準備。

第一，香港的街頭暴力抗爭雖已師老兵疲，但反對派仍執迷蠻幹，快閃狙擊，令社會接近沸點，中央已明確定性其為「暴亂」，並放出「這場鬥爭已經是一場關乎香港前途命運的『生死戰』、『保衛戰』，已經到了退無可退的地步」等重話。事件如何善了？怎讓香港恢復平靜？是各方的共同責任和任務。

第二，針對香港事務，中央尊重一國兩制原則的「兩制」，堅持耐心和克制，交由港府自行處理，只以「底線思維」去防範化解重大風險。目前，一國兩制有三條不容觸碰的管治紅線，一是危害國家主權安全，二是挑戰中央權力和香港基本法權威，三是利用香港對中國進行滲透破壞活動。然而，一場風波折射出現行管治紅線的疏漏，尊重變捱打、砸打無罪的歪邪，漏洞不補，法治怎談？

第三，在大小氣候的夾擊下，抗爭愈趨「硬碰硬」，情況亦陷入螺旋式惡化。大氣候是中美的修昔底德陷阱（Thucydides's Trap），香港反對派甘心充當美英等國的反中棋子，並讓香港成為反中舞台；至於小氣候，則是官民之間、陸港之間的信任現鴻溝，讓小磨擦變大衝突，當局有需要就抗爭衝突劃下明確紅線，雷厲風行嚴厲執法。

第四，社會抗爭或許無法迴避，爭議亦難盡免，但社會總不能長期處於抗爭狀態。警隊作為治安最可依賴的力量，應有擔當敢作為地依法止暴平亂，果斷取締違法行為，確保一國兩制和法治行穩致遠，不容任何人士以一己理念或「公義」之名，妄行亂港抗中之實，將市民淪作政治陪葬品。

第五，隨着少數激進分子刻意將事件往激烈衝突的方向拉，推動網絡社運，任由隱藏身分人士在網絡騎劫把持，鼓吹港獨、衝擊中聯辦、污損國徽、丟國旗下海等，高喊「光復香港，時代革命」口號。這不再是和平表達訴求，而是「顏色革命」式的叛逆。由於性質嚴重，不但要懲治暴力行動中的違法者，還須追究幕後策劃者、組織者和指揮者的刑事責任。至於當中的外國勢力黑手，更要與外交部協調，嚴打盤究。

第六，此次極限對抗充分暴露香港反對派沒有底線式的拒絕合作，不惜損害國家利益的政治本質，中央和特區政府有需要嚴肅應對。嚴懲更要嚴教，要做好青年工作，將絕大多數遊行示威的青年人和學生與極端暴力分子區別出來，積極檢討和完善香港的安全法制與教育法制，培育反暴力、守法治、求穩定和謀發展的核心價值觀，防止他們被反對勢力利用。

第七，修法風波突顯的深層次矛盾，以及對陸港關係的傷害、對一國兩制的衝擊，短時間內無法彌平，禍患在未來還會持續呈現，若是心存僥倖，後果將會非同小可。

第三章

止暴制亂　拒絕沉默

從二〇一九年六月開始的亂局，每周都有衝突場面，而後暴力程度升級，警方形容暴徒行為幾近恐怖主義。中央政府在深圳召開座談會，正式提出「止暴制亂」；十一月十四日，國家主席習近平在巴西利亞出席金磚國家領導人會晤時，就香港局勢表明立場。他說，「止暴制亂、恢復秩序是香港當前最緊迫的任務」。

香港社會陷入了空前的動亂，地鐵與公路被破壞，交通燈被打爛、餐廳遭刑毀、大學校園被破壞、商場被搗毀、挑釁警察、私刑反對他們的市民等。他們以為可以嚇阻市民，但民心在街頭出現，在佈滿了暴徒所佈置的磚塊和竹枝的馬路上，附近的街坊也勇敢走出來，將那些障礙物搬走。「沉默的大多數」不再繼續沉默，他們要維護家園。

止暴制亂矛頭首先要對準港獨蟑螂

劉瀾昌

香港亂局到了今天，很多人說受夠了，大老闆知道「攬炒」至玉石俱焚，可不是好玩兒的事；即使是傳統泛民，不但要考慮選票和席位的高薪厚祿，也要思考一下那些房產是否會變得一文不值，難道真的要「革命」且革到自己的身家性命？所以，這一伙人雖然有人叫「不割席、不篤灰（不告密）」，但是也有聲音要求回到「和理非」。筆者相信，中央提出的「止暴制亂」已引起多數香港市民的共鳴，只是各個派別各種勢力各階層的持份者還都必須明白，暴亂的根源在哪裏？止暴制亂，必須鮮明舉起反對港獨的旗幟。若然做不到使港獨勢力在香港一千平方公里範圍內毫無容身之地，他們就還會不斷興風作浪，維港內外永無寧日。

筆者的一個朋友，是地道美國籍的專欄作家。他說：「我很不明白，香港的示威者為什麼要舉我們美國國旗，還有英國國旗？」筆者聳聳肩：「他們的教父黎智英說『要為美國而戰』。」他還是不理解，「難道他們真的以為香港可以脫離中國成為美國的一個州？我們美國兩艘軍艦要停靠香港補給，北京說不批准就來不了，特朗普又能怎樣？舉英國旗不是更無聊嗎？香港被英國殖民，不是香港人的恥辱嗎？況且，英國現在是一個二流的國家，連伊朗都不把它放在眼裏」。他還說：「看世界歷史，民主鬥爭是要有『正當性』，革命更是要有『正義之旗』，可是你們的示威者都是黑衣黑衫黑口罩出場，即使開記者會也是不敢露出真面目，是心虛嗎？」

筆者向美國朋友介紹了自己的觀察，即反對陣營是包括多種香港勢力和持份者加上外部複雜力量的大雜燴，起初反對修改《逃犯條例》的包括建制派陣營中活躍在內地的商人和專業人士，後來演變為暴亂，性質改變為反華反共謀求香港獨立，這些人轉變了。香港的最大既得利益者即那些大地產商，開始也是帶有利用反修例教訓特區政府的心態，香港的土地房屋問題令他們和林鄭月娥的矛盾上升，尤其是特區政府鑑於香港底層因為居住困局的不滿日升而退出明日大嶼計劃之後。這場反對運動的主體，依然是香港傳統的民主派以及二〇一四年非法佔中後冒頭的本土派，他們在佔中失敗的五年來憋屈了一肚子氣，趁着這次反修例來個總爆發。

無底線打擊香港的三股勢力

自然，這場反對運動發展到如此規模，以梁愛詩的說法是到了「接近顛覆的邊緣」，當然與中美貿易戰的國際大背景分不開，黎智英大言不慚「為美國利益而戰」，作為星條旗的代言人和美國利益的收受者，特朗普政府也不掩飾打「香港牌」，其他「抽水者」亦蜂擁而至。筆者相信，有三種勢力打擊香港是沒有底線的，愈爛其獲利愈多。

第一，就是大陸逃到香港及其他地方的經濟罪犯。他們可說是《逃犯條例》修訂「壽終正寢」的直接得益者。中國公安部公開表示過，這些人有名有姓的就有數百人，捲走的國家資金龐大得驚人。

台獨勢力是香港亂局的另一個直接得益者，他們甚至不掩飾直接資助香港的暴亂者物資。對於謀求連任的蔡英文來說，以香港之亂來證明一國兩制不可行，他們反對一國兩制就有了事實根據，而香港愈爛也直接減輕台灣的競爭壓力。

第三，自然是美國及其追隨者英國。美英對香港的事務干預太多了，不需在此一一列舉。只不過，美英恐怕還是有些底線，至少美英的商人和CIA的想法不一定完全一致。美國二〇一七年在香港的直接投資超過八百一十億美元；香港是美國賺取最高貿易順差的單一經濟體系；英國在香港利益更加不用說了，香港人都心知肚明。

值得指出的是，這三股勢力都在幕後操縱，給錢給資源，而在台前則是以港獨分子為主。一次次暴力衝擊行動中，香港的港獨組織及其追隨者一直是主力和核心，是他們舉英美旗和戀殖的龍獅旗。他們在佔中和旺暴後一度消沉，而這次則藉反修例膨脹，他們在全港塗寫「光復香港．時代革命」的口號，衝擊中聯辦，塗污國徽，多次扔國旗下海，警方抓獲的肇事者正是港獨組織「學生動源」的成員。

故此，止暴制亂矛頭首先要對準這批港獨蟑螂，這既可佔領道德高地，同時也防止別有用心的人將矛頭指向警察，混淆「暴力」的性質。而佔中和旺暴以來的經驗證明，不徹底圍剿這批港獨蟑螂，暴力依然會死灰復燃。最後，需要規勸初心是支持回歸的傳統民主派，不與港獨和暴力割席是沒有前途的。而止暴制亂之後，香港發展的邏輯必然是開展「去殖民化」，戀殖就不可能有健康的一國兩制。

香港「甲甴革命」無領袖？傻瓜才相信

屈穎妍

親子專家說，一個孩子會寵，兩個孩子學愛，三個以上就要管。

不難明白，因為如果父母和孩子的比例是二比一，寵是正常的；若比例提升至二比二，一切就會以公平作為教養標準；然而，只要家中孩子多於三個或以上，父母就要學懂管，孩子就要學妥協，因為三人以上的世界不會再有絕對公平，父母一人抱一個，就會有一個孩子落單，投票吃漢堡包還是Pizza，總會有少數服從多數的畫面。

我家有三個孩子，連父母加起來五個人就成了一個小社會，十多年來大家都在學妥協、學管理，我們不會說「兄弟爬山，各自努力」，因為這代表什麼也做不成。一個小社會一定要協作，有人決定、有人和議、有人服從，才能事成。

所以，黑甲甴搞「時代革命」強調的「無大台、無領袖」，真是傻瓜才會信。一家人出遊先去看花還是看海都會有歧見，更何況幾萬人同一時間攻擊警隊、癱瘓社會，沒人發號施令？全是市民自發？香港人幾時變得如此天真？

那天是二〇一九年八月十八日，「甲甴革命」又搞終極晒冷（意指豁出去）大遊行，為了爭取國際曝光，據說「連登仔」發起了眾籌登全球廣告，並落實於十三個國家及地區共十八份報章刊登，包括英國、美國、加拿大、法國、德國、瑞典、西班牙、芬蘭、丹麥、澳洲、日本、韓國、中國台灣，賣的是「警察恐怖襲擊」、「香港人受暴力非人道對待」等謊言。

已公布的十八頁廣告，共有十八種排版、十八個內容，完全沒重複，還用上當地語言，你說「無大台、無領袖」？誰信？

這種攻勢，其實在G20峰會時已用過。當時也是由「連登仔」發起眾籌，號稱籌了五百多萬港元，結果在英國《金融時報》、美國《紐約時報》、德國《南德意志報》等十多個國家買頭版全版廣告反修訂《逃犯條例》。

先別說那些不同語言的廣告設計、核數等細節，單是聯絡這些全球最知名國際報章都是問題，還要搶得同一天頭版廣告位，這已非一個政府甚至一個國家可以駕馭之事，只懂說粗口的連登仔可以如此號令天下？信的人，大家都要懷疑他的智商。

還有一點，就是你以為這些國際大報有錢就能使鬼推磨？說笑罷了，據說單是《紐約時報》一個政治頭版的審批就起碼要一個月，否則拉登都可以賣廣告，更何況十幾國大報一齊刊登，那種政治能量，會是連登仔可以辦到的？「成件事無大台，在連登你一句、我一句就成事了」，這種說法，你還信嗎？

終於明白，原來是我們誤解了，「甲由革命」一直有領袖，他的名字就是叫：「無大台」。

國際政治不相信眼淚，港人應該醒覺了

馮煒光

全國政協副主席、前特首梁振英二〇一九年八月三十日在臉書撰文，對「反修例風波點收科？」提出了五點發人深省的建議。從戰略研判、戰略定位、戰略定力、戰略部署和戰略執行等高度，高屋建瓴地透徹分析今天局勢。最後一點是如何執行？

梁副主席說：「『狹路相逢勇者勝』，要責無旁貸地切實執行、徹底執行戰略部署。未來幾年，需要做、可以做、值得做的事很多，裏裏外外全面治理、改革、整頓的工作都必須堅持到底。」

筆者曾在特區政府工作近四年，感覺最缺乏的便是落實的堅強意志。這源於很多政治人物不願去理解香港政治本質。沒有正確認識，便下不了決心；下不了決心，便沒有鬥志；沒有鬥志，便不能落實。

很多香港政治人物尤其擁有實權的，缺乏國際政治觀，不明白國際政治存在一個東西方的價值和制度之爭。東方政體近年成功做到善治，而西方一向引以為傲的自由政體，卻在善治方面交白卷，再不能像二戰之後，為其國民帶來經濟繁榮和生命安全的保證。美國號稱世界頭號民主大國，但卻連其學童上學後能否安全回家也不能保證。相反中國雖沒有美國式的兩黨制，但沒有一個中國人民會認為，「早上目送學童離家，會是對學童的最後一瞥」。

中國的善治衝擊了人們對西方自由民主政體的信任，原來要達至繁榮、安全的發展道路，不是只得一條。在這個大背景下，中國崛起隨時威脅美元的全球唯一貿易貨幣的地位。再加上若香港成功落實「一國兩制」，台灣尤其「台獨派」便備受質疑，讓台灣人覺得原來統一真的可以令台灣繁榮興旺。

這三股「威脅」匯集起來，西方國家當然會想方設法搞死中國內地，搞死香港。要搞死中國內地，沒有條件，唯一的缺口是香港。這便是香港亂局的大背景，但由英國一手訓練出來的政治人物是連想也不敢想的。在他們心目中，英文是優雅、是光明正大、是充滿自信的，說英語的政治人怎麼會這麼卑劣？所以他們從來不敢提起斯諾登（Edward Snowden），因為斯先生告訴他們，講一套做一套的，正正是說英語的政治人。

當年梁副主席便曾問過筆者一個問題：「一九九七年前相信沒有西方導彈瞄準英治下的香港，那麼一九九七年之後呢？」梁副主席的提問，反映出他對國際政治的深刻理解，但今天香港的政治人物只會認為這樣的提問，是荒天下之大謬！

沒有對國際政治的正確認知，便不可能認清香港反對派的本質。當今天反對派的大金主黎智英向 CNN 說，是次運動最終的目的是推翻政權時；香港的一些政治人仍然拒絕承認這是一場複雜的有國際政治背景的運動，那又怎可能有效止暴制亂呢？當黑衣人在八月二十九日遍地開花地在香港各處播放「凜冬烈火」（Winter On Fire），香港政治人物們未醒覺。「凜冬烈火」是什麼？

一齣由 Netflix 製作的有關前幾年烏克蘭顏色革命的紀錄片，在香港四處播放，竟然沒有版權顧慮，而烏克蘭當年發生的就是以群眾運動方式把由民主機制合法選出的親俄總統，強行趕下台。理由便是：該總統不願加入歐盟，令烏克蘭人不能成為文明世界的一部分，令烏克蘭人失去自由。這些思維和今天香港黑衣人，一模一樣。

香港有權力的人把頭埋在沙堆，便下不了決心，以為靠一些「有心人」給點溫和建議，便可以止暴制亂，那無異於幻想。國際政治不相信眼淚，也不會相信仁慈，更不會相信退縮！狹路相逢勇者勝，這是國際政治顛撲不破的真理。

香港急需坦誠對話，從蒙面人拋開面罩開始

楊志剛

「爆眼女」是誰？她透過視頻在民間記者會上亮相，但以口罩蒙面、墨鏡遮眼，亮相卻不露面。面罩掩藏不住她傷眼初癒後的風姿綽約，讓她贏得公眾同情之餘，更添「黃營」的怒火和「藍營」的嘆息。她呼籲群眾繼續抗爭，卻不談自身傷勢和身世。她的身世和一切至今是個謎，港人想像之餘，唯一知道的是不少人視她為心中摯愛，包括她的父母妹妹和朋友同事。雖然是透過視頻，我卻感覺到她墨鏡背後的眼神和對全港的凝視。她能看見全港，但港人無法一窺她的真貌。這是不對稱的溝通。我渴望她脫下口罩，以真面目示人。這並非出於好奇或為了「起底」或追尋真相，而是為了香港急需的大和解。

政治動亂不論多麼嚴重，都是過渡性的。不論月圓之後如何，動亂始終會終結。動亂的終結是社會默默邁向新的安穩；文明社會只有安穩才能常態化。新的安穩可以是政府退讓，抗爭者滿意收兵；亦可以是政府愈趨強硬，直至抗爭者敗走收兵。但不論新的安穩以何種姿態出現，非友即敵的香港社會都需要大和解，才能使新的安穩得以持續。

黑色面罩是一面牆

大和解的必須前提是坦誠對話和溝通。蒙面人和非蒙面人之間不存在坦誠溝通的可能，因為蒙面所表達的清晰信息就是「我不要你知道我是誰」、「我拒絕和你坦誠，不想與你溝通」。黑色的面罩是一面牆壁，隔絕了你我，違反了文明共融的香港核心價值。

爆眼女子以蒙面收回了個人身分，突顯出的唯一身分就是抗爭者。如果不是傷了眼，她存在與否，無人知道。她與數以萬計的黑衣蒙面人一起動如流水，混成一體。她可以是滿街黑衣蒙面人之中的任何一個，故此亦象徵了任何一個抗爭者。她右眼被擊中流血倒地的照片瘋傳那刻，就成為這場黑色革命的符號。無數蒙面人紅了眼，集體感同身受。別問她是誰，她就是我們。勇武派在街頭立下血誓：以眼還眼。和平理性派在右眼貼上血染的眼罩：我們都是爆眼女、爆眼男⋯⋯

要化解這段仇恨，還是靠她。要勸解爆眼女子脫下面罩，開懷坦誠地參與劫後香港的重新建設，港人必須停止聚焦她右眼的傷痕，亦不要再喋喋不休分析她究竟是被警隊布袋彈所傷，還是被蒙面人發射的彈珠誤傷。不論是何者，在「黃營」心中，她右眼的傷痕永遠是最高榮譽勳章，是他們的「耀眼女神」；在「藍營」眼中，她何嘗不是香港傷痛和荒誕的象徵？

大和解之大，不在於追究兵荒馬亂時傷人的兇手，而是在於撫平傷口、泯別恩仇，以寬容為香港扭轉乾坤。爆眼女可以為此作出貢獻，成為「黃營」和「藍營」大和解的共同女神。

「藍黃大和解」的前提是什麼？

運動中的仇恨累積能有多深？南非前總統曼德拉二十七年的黑牢之冤也能一笑泯恩仇。他因為對抗白人種族隔離政策而被監禁二十七年。他在一九九〇年獲釋，一九九四年當選為南非史上第一名黑人總統。他在總統就職典禮上致辭：「能夠接待這麼多貴賓，我深感榮幸。我最高興的是當年在監獄看守我的三名獄警也能蒞臨。」然後他邀請該三名獄警起身，介紹給在場嘉賓，並向他們三人致敬。全世界為他的寬容所感動。他說：「當我步出監獄，走向通往自由的大門時，我若不把仇恨留在後面，那麼我只會繼續活在獄中。」

香港沒有曼德拉，但亦有寬容與和解的典範。她結婚二十一年，但丈夫和另一名「好溫柔」的紅顏知己交往十三年，兩人把臂同遊的照片在各大報章大曬溫馨，丈夫更在法院陳辭時公開宣揚自己是紅顏知己「生命中的男人」，兩人恩愛纏綿一齊睇樓買樓賣樓收錢。丈夫因違法收了情人的甜頭而即將判刑。妻子素心玉手，執筆為負心郎向法官寫求情信：丈夫一直以家庭為先，希望法官從輕發落，讓他們一家人有機會展開新的篇章。

她提筆寫信時的沉重和心碎，以及擱筆長吁後對重譜新章的憧憬，是對港人的啟發。賢妻以無限寬容委婉來化解十三年的不忠和錐心之痛，為撕裂了而充滿仇恨的香港人，示範了和解的可能。她是特區政府政策創新與統籌辦事處總監馮程淑儀。

止暴制亂能夠在社會層面帶來暫時的穩定，但不能解決民間之亂。且看另一香港家庭。《明報》二〇一九年八月十六日一篇報道的標題：《討論政治打摑母親　十八歲子守行為》。內容是有兒子與母親討論政治時激動，拳打掌摑母親。這並非偶發的單一事件，而是有相當的普遍性。止暴制亂不能解決一個家庭兩個敵營、一班同學兩個敵營、一間公司兩個敵營、一卡地鐵兩個敵營。「撕裂」不再是簡單的社會概念，而是陌生人之間，甚至親友之間隨時爆發的仇恨和暴力。這個仇恨不解，學生豈能安心學習？香港豈能繁榮穩定？止暴制亂，必須伴隨着大和解。

當今香港社會每一個組成單元都內藏敵對陣營，使香港失去自我癒合的能力。敵對陣營之間需要和解，和解需要一個過程，這個過程需要引導和學習。要推動這個過程，必須是政府與民間攜手。

止暴制亂，需要制定《反蒙面法》，這方面已多有論述。大和解同樣需要抗爭者除下面罩，不再蒙面，成為社會上坦誠對話的參與者。

耀眼女神受傷後，林鄭月娥說：「當在方便時，我很願意去探望這位少女。」既然耀眼女神已經公開亮相，特首宜盡快委派寬容與和解的典範馮程淑儀前往探訪。要啟動香港公開對話大平台，不作他想，應該由這兩名曾經受傷的女子開始。一人來自政府，一人來自街頭抗爭。兩人攜手示範寬容，齊心呼籲港人勇敢地放下仇恨，讓香港大對話、大和解成為可能。香港譜寫新的篇章，要由蒙面人拋開面罩開始。

「港孩」日日點燃街頭戰火，恐陷空想式僵局

陳建強

由曾被謔稱為「港孩」的年輕人所主導的修例風波，引發香港出現半個世紀以來的最大亂局，政府雖已一再讓步，並提出四大行動，令有關抗爭行動失去初衷基礎，但暴力衝突僅規模略減，街頭戰火未竭、社會撕裂未見彌縫，與中央要求的「止暴制亂」和恢復秩序，相差甚遠。這場坐大坐實了的政治風波將以何種方式收場？社會深層次矛盾能否順應解決？

近年來，抗爭式社會運動已經成為席捲全球的新潮流，沒有多少個國家或地區能夠倖免。雖然社運一向被認定是社會進步的主要動力，但總體而言，卻都是建設小、破壞大，成效與成本不成比例，甚至浮現為抗爭，而抗爭的偏執，不但無法促成重大變革，反會衝擊社會的穩定和發展。

在香港，港人經歷非法佔中、旺角騷亂等事件，社會矛盾並沒有因為一連串的衝突而得到根本解決。新一屆政府就任後，社會吹起一股和解風，官民衝突漸趨減少，陸港關係也日見平和，誰料這一切只是表象，只是一條以向台灣移交殺人疑犯為初衷的修例法案，卻掀起青年抗爭的序幕，到處都有年輕人義無反顧的身影，瀰漫着「沒有明天式」的焦慮和憤怨，平穩的政治局面基本上被徹底摧毀。

需指出，強調共生認同、不設大台、自我參與和組織，不割席、不分化、不指摘，打破了香港社會運動的規律，「港孩」成長了，但在憑實力決勝負的「實戰」中，卻往往流於理想化和零碎化，試問，日日暴動又如何？希望以不斷升級的街頭暴力，不惜突破道德、法律和人倫的底線，意圖逼迫港府接受「城下之盟」，這可能嗎？恐怕只會形成一場空想式的長期僵局。

事實上，無論是鬧劇還是革命，社運的規模愈大，因其規模、烈度和持續時間，很難在短時間內自行消散、自行彌合創傷。在今次事件中，隱形大台的組織者經過精密策劃，形成了明確的目標、訴求、組織和策略，形成強大的反政府力量，傳統的時間換取空間策略難再生效，更難讓事件在短期內得到平息。

經歷了這幾個月的大風暴，愈來愈多市民渴望社會回復平靜，知道如任由動亂升級，最終只會摧毀香港，即使對政府的讓步「不收貨」，仍應回歸「和理非」的方向，以合法合理的方式向政府表達和爭取。

綜觀國際經驗，無論風波如何顛簸，總有平息的一天，如何收場呢？取決於雙方力量的對比，當中又涉及實力、裝備、意志、決心和戰略佈局，以及力量的消耗和培養。若要快速平息風波，手法不外乎妥協和以壓倒性優勢取得勝利兩種，但最終的決定權都掌握在政府手裏，政府亦有足夠時間和空間以靜待變。

體制和人心需雙回歸

今次事件是各種怨氣和深層次矛盾的一次過爆發，既令施政困難，亦揭示「大市場、小政府」的後遺問題，當中更是因果兼備。其他的具體原因，則包括年輕人置業難、向上流動難、政治體制和國民身分認同難、對前景缺乏希望和官民溝通互信不足等問題出現。抗爭永遠無法促成變革，要解決問題和分歧，政府需拋棄不合時宜的管治思維，全面提升管治能力，為香港的未來主動作出規劃，做好體制和人心回歸。

所謂體制回歸，並非是實行「一國一制」，而是指香港應該在制度上回歸一國兩制與《基本法》初衷，確立以參與型為主導的制度化路徑，並且在中國內地高速發展的大背景下，運用自身優勢，積極參與國家發展大戰略，藉此推動香港產業與分配結構轉型，讓市民享經濟民主與融合的體制紅利，進而建構陸港的共同體意識。

至於人心回歸，首要解決年輕人對現狀的不滿、對前景的迷茫，「反修例」只是一根點燃烈火的火柴。事實上，政府對人心回歸問題並非後知後覺，早在處理反西九龍高鐵等運動時，已着意推動人心回歸和愛國主義教育，措施亦不少，但綜觀近期的香港輿論氛圍，有關措施的實際效果如何，不言自明。其中一個省思點，是價值認同問題，因為除了學校之外，輿論、家庭、同儕都是同等重要的管道，若僅僅加強對校園教育的審定，只不過是「揼下葫蘆浮起瓢」，結果可能事倍功半甚至適得其反。

對今次風波，公眾將焦點集中在年輕人身上，並予以神化，無疑是把責任卸在他們身上，令他們壓力大增，而將違法行為「義士化」，猶如拆去他們的台階，容易進退失據，有進無退，並且影響他們的人生前途和對事物的判斷，形成另類溺愛。

動亂後，香港的經濟將留下和失去什麼？

雷鼎鳴

動亂過後，很多人都說香港已變得面目全非。究竟它的經濟尚能保存了什麼？又失去了什麼？

有一些制度暫未受到直接衝擊。香港實行簡單的低稅制，這對吸引人才及資金都十分有利，這制度現在未見有改變迹象，但假如政府以為派錢派福利可幫助解決社會問題，從而大幅度增加開支，放棄小政府模式，那麼低稅制是不可能維持下去的。

香港也是一個自由貿易港，除了很小部分的商品外，香港不徵收關稅，資金的進出也是完全自由的。這兩項制度是造就了香港多年以來，經濟自由指數排名一直冠絕全球的最基本因素。

動亂以來，未聞有人要反對這兩項制度，不過，也有一些高唱美國國歌、揮舞美國國旗的人跑到美國領事館請願，要求美國國會通過《香港人權與民主法案》，若這法案通過，會增加香港本土產品出口到美國時被加徵關稅的風險，若香港因此而還擊，自由貿易港的制度便會有所改變。

暴亂也可能觸發某些對沖基金沽空港股或港元，目前這些仍只是傳聞，大規模的實質行動並未有出現，但假如將來真有大型資金流動，香港能否保持資金流動零管制的傳統，有待考驗，但我相信香港可守得住衝擊。

上述的自由經濟制度，及香港排名一樣很高的個人自由指數，使大量金融與貿易人才聚集香港，這些人互為影響，他們也習慣了香港的制度與生活模式，暴亂雖猛烈，似尚未足以動搖他們的去留，但若暴亂持續，結果便難料。

有些東西能保存外，香港也因暴動而蒙受巨大損失。短線而言，遊客來港人數大跌，零售餐飲等行業遇上幾乎與二〇〇三年SARS時同等的打擊。生活上，市民因暴亂及交通系統遭破壞而遇上不便，黃營中人認為自己訴求得不到回應而有人選擇暴力行為，有人則染上抑鬱症，藍營中也有人因眼見他們建設的社會被摧殘而憤怒及苦悶，這些情緒都對香港的生產力有不妙影響。

但上述短線的影響又遠不足以反映近日暴亂對香港經濟長遠的傷害。這有兩方面頗為不同的破壞。

引以為傲的法治社會受到破壞

第一方面是對法治及社會所認可的行為規範的破壞。港人素來崇尚法治，其司法制度，按西方標準衡量，排名一直高企，且高於自稱民主自由的美國。有些人或以為司法制度至今完全無損，我不認同這看法。

到本文執筆時，尚未有任何反政府的暴徒走完了司法程序而被判刑，我們確未能知道將來的判刑能否維持公正，但我們已有足夠理由相信，目前的司法系統不足以應付數以千計甚至萬計的與暴亂有關的訴訟。大量犯了法後未能被起訴，或被起訴後因遇上不同立場的法官而量刑千差萬異，又或等好幾年才能上庭等等的不理想情況，早已造成市民對現存司法制度或其運作的不信任。

法律上，為何加拿大可以判在公眾集會上戴口罩的人坐十年牢，但在香港，暴徒可以合法戴口罩隱藏身分，而警察卻要顯示身分號碼被人起底、家人遭人欺凌？法律上的不對稱性已足以使我們對法庭的判決缺乏信心。

在行為規範上，我們日常行事都會有一種預期，例如我們相信坐地鐵上班不會有人敢於故意阻礙車門關閉而誤時上不了班，又或出入機場時不會遭人禁錮毒打，到醫院看病不會擔心有特殊政治立場的醫護不盡心醫治。也許這些都是小概率的事件，但我們卻難以否認其存在。

香港的最重要資產之一便是我們曾相信法治社會，也信任各方人等會按大眾接受的準則去行事，但暴亂已對這些本來是合理的假設打下了問號，大大增加了經濟中的不確定性。用經濟學術語說，暴亂已推高了執行社會中各種正規或潛在合約的交易成本，這對經濟拖累之大不可限量。從此，不少投資者對香港是否是法治社會，不免滿腹狐疑，不信任情緒一滋長，便難以杜絕。

第二方面是人力資本的誤投。對一個年輕人而言，則要面對一個問題，究竟是把時間金錢投放在學習有助提升自己生產力的技能上，還是投在如何搞鬥爭和革命上。二者都需資源，用了在甲，便少了在乙。

在這場暴亂中，顯然有不少年輕人公然地或瞞着家長把時間用在參與暴力實踐或鑽研如何鬥爭之上。他們用在這方面的時間愈多，技術便會更成熟，鬥爭效率會提高。

雖然我不認為他們有任何最終勝利的可能，但身在其中的人每每會為一些小把戲的勝利而沉醉不已，這又會誘導他們把更多資源從學習知識提高生產力方面改投到無助經濟的鬥爭學問或實踐之上。這類人愈多，經濟停滯或下滑的可能性便愈大。對他們來說，參與大灣區發展或搞創新科技等等全是空話。

這兩種傾向帶來的社會損失顯然是比佔中大得多的，因為過去一年同時發生的事，特別是貿易戰的延續或止息都在同步影響經濟，我們難以在數量上隔離出暴亂對經濟的真實影響，這與佔中時可以用較簡單方法去估算截然不同，但我相信真實的長期積累損失一定是以萬億計算的。不要忘記，香港還有一個在不少領域上都優勝的競爭者深圳。當港人在自毀長城之際，有些業務會轉到深圳，這是難以阻擋的。

救救我們的孩子！莫再任暴徒以血淚控訴通識科

楊志剛

為什麼數以千計的暴風少年在香港浴血街頭？什麼仇恨讓他們凌虐白髮長者？十三歲的學童為何要焚燒國旗？為什麼數以十萬計的香港青少年仇視國家？香港孩子大規模熱血街頭，虔誠地相信自己的崇高和正義。我近距離感受到他們天真虔誠的義無反顧；望着他們年輕的面孔，我見到的是憤怒和仇恨。我豈能怪罪他們？他們是我們教育出來的！

知錯能改，但他們覺得自己對，豈會改？為什麼在對與錯這樣基本的問題，我們的立場竟然完全相反？這明顯不是個別學生的問題，而是我們的教育和媒體生態出了問題。我們的教育，在學生的腦袋種下根深柢固的偏激。教育如不改革，暴風少年的問題，將會永續。教育改革千頭萬緒，但起點很清晰：通識教育。傳統科目如語文數理化文史地理不會讓學生變成偏激，通識教育會。

考評局前通識科目委員會主席賴得鐘老師因發表「黑警死全家」的仇恨言論，遭教育局發出譴責信。此非單一事件。早於二〇一六年，「香港通識教育教師聯會」發表聲明謂：「即使暴力抗爭，教育界已早有共識，討論時教師必須秉持中立，為學生提供正反均衡的意見。」該聯會竟然要通識科老師與學生討論暴力時「秉持中立，為學生提供正反均衡的意見」。暴力是中性的？有正反均衡的意見？老師為學生「提供意見」的時候，對暴力的負面評述，必須用同等分量的正面評述來均衡它？暴力有無限空間來作正面論述？正面看是暴力，側面看是俠義？街頭暴力如是、校園暴力如是、性暴力如是？

四年前的因，四年後的果。四年前通識教聯會發出遺害深遠的聲明。當年我數度撰文要求該會撤回聲明，但今天這篇鼓吹對中學生「秉持中立」地灌輸暴力概念的聲明，依然在該會網站大義凜然地指導着通識科的老師，並誇稱這是「教育界的共識」。見微知著，通識科的偏頗，可見一斑。

老師的教導，對學生影響深遠。我沒教過中學通識科，只教過大學通識科。在一些難定對錯的意見爭議中，課堂討論完畢時學生最心急想知道的，是老師最終的立場，因為學生普遍認為老師知識廣博。我教通識的第一課，總是貌似中立地刻意誤導學生達至偏頗的結論，讓偏頗的結論成為全班一致共識之後，才拋出更穩妥合理的相反意見及理由，讓同學恍然大悟，重新達至一個與前相反的新共識。如果不拿出另類更穩妥的意見，偏頗的結論便成為學生帶走的知識。大學如此，何況中學？

通識科老師立場各異，各師各法，唯靠課程標準和完整的教材來作小小的彌補。偏偏通識科卻享有特權。高中學科二十四門，連「旅遊與款待」等非傳統中學科目都由教育局設定「課本編纂指引」作為標準，教科書要提交教育局審核。通識科這門對學生影響最深遠的科目卻不設標準、亦沒有教科書要審批，教育局一句「校本政策」，便對這門塑造心靈、必修必考學科的教材撒手不管。這是上屆教育局的失職。直到現在，才表示搞一個「自願參與」計劃，讓通識科教科書自願送交教育局作「專業諮詢」。這是現屆教育局的敷衍。

實施過程中背叛了初心

通識科的引入，原本是因為當年中學生過早文理分流，導致他們知識不夠廣博，於是設計了這門綜合學科，目的是豐富課程的科學和人文內涵，讓學生文理兼備。但在實施過程中，通識科變了形、走了樣、背叛了初心。原本以廣博及綜合知識為本的學科，變質成為背離了一切知識體系、以時事新聞為主的自由發揮科。

通識科身分顯赫，是高中生進升大學必修必考的四大科目之一。其餘三科是中文、英文和數學。中英數是日常生活必需品，必修必考實屬理所當然。通識科浮光掠影的討論，為何要必修必考？我認識不少同學對意見紛陳的通識科深感厭煩，希望改修紮紮實實的學科，為何不給他們選科的自由和權利，而強迫他們不但要念，還必定要考？

教育界的三個小小訴求

通識科教師聯會將暴力合理化，讓我記起港大女生許嘉琪在旺角騷亂中向警察投擲玻璃瓶而被判監三年，她聞判後潸然淚下，被押上囚車，送進監牢。今天的香港，暴力變成日常生活平常事，有多少港人因為暴力而流血或坐牢。他們的血淚，是對通識科的控訴。教育局要香港再流多少血淚，才會垂聽教育界的三個小小訴求，以救救我們的孩子：一、將通識科從必修必考改為選修科；二、為通識科制訂清晰的課程指引和教科書綱目，而教科書及教材必須呈交教育局審批；三、將通識科的考試成績只定為合格和不合格。

暴徒欲將港警置於死地，這只是第一步

阮紀宏

二〇一九年國慶節前夕，香港警方公布的情報顯示，暴徒將針對警方採取行動，包括招募死士殺警察，或者製造警察殺死暴徒的陷阱。國慶日當天，全港多處出現大規模衝突，警察在遭到圍攻的情況下，一名警察開槍擊中一名暴徒，在全港四處地方一共開了六槍。然而，相信在今後一段時間，暴徒會繼續「鍥而不捨」將矛頭指向警方，使警察無法止暴，使特區政府無法制亂。

六月開始的亂局，每周都有衝突場面，而後暴力程度升級，警方形容暴徒行為幾近恐怖主義。另一邊廂，暴徒則指摘警方濫用武力。而社會上一種強烈的聲音是要求特區政府成立獨立調查委員會，查明警方是否有不當行為。在莫衷一是的情況下，特首林鄭月娥舉行地區對話會，邀請普羅大眾發表意見，結果一如所料，發表意見的市民，十居其九質疑警方濫用武力，並要求政府成立獨立調查委員會。

成立調查委員會這個訴求，用意十分明顯，就是迫使特區政府給出結論，證明警察在處理示威衝突中起碼有錯，至於有多大程度犯錯，並不重要，因為如果結論是警察大錯，就可以大肆宣傳警察濫權，如果是小錯，則攻擊調查委員會不公正，無論結論如何，反對派都可以振振有詞，這是一箭雙雕之舉。而特區政府一天不成立調查委員會，則訴求成為永恆的話題，可以繼續天天鬧下去。

儘管特區政府三番四次強調現行監警會的機制有效，毋須成立調查委員會，但聽者藐藐。其實，法律界人士早已指出，經過調查委員會審視的證據，將不能成為法庭審理被起訴的犯罪嫌疑人的證據，等於放生被捕人士。反對派的所謂「五大訴求」，其中包括不再拘捕和起訴干犯罪行的暴徒，要求成立調查委員會是聲東擊西的做法。

香港的警察，是世界公認訓練有素、紀律嚴明的隊伍，近年犯罪率下降，香港成為全球最安全的城市，可是，一夜之間，被黑衣人稱之為「黑警」，甚至與黑社會齊名，雖然絕大部分市民對此不認同，但在多個衝突場面中所見，不少市民「聲討」警察，原因很複雜。當中有警察在驅散暴徒的時候，使用了催淚彈等武器，殃及池魚，又或進入私人大廈和商場執法，使普羅百姓生活受到影響；也有市民同情年輕示威者，以行動阻撓警察對付暴徒。污衊警察在市民心目中的形象，這一招對於反對派來說十分有效，一則讓暴徒理直氣壯地攻擊警察，再加上在社交媒體上恐嚇警察的家屬，企圖在心理上摧毀警察的士氣。

特區政府以及警隊高層，當然會顧及警察士氣，社會大眾也在為警察加油，整個香港分化成兩派，一邊在提振警隊士氣，一邊在瘋狂破壞，互相拉扯角力。雖然警察受過專業訓練，但畢竟是血肉之軀，也有七情六慾，無休無止的暴力令警察的體力被摧殘，神經繃緊，一旦他們的情緒被刺激，錯手造成人命傷亡，反對派就可以趁機把事情鬧大，他們在等警察犯錯。

以暴力攻擊警察，以心戰打擊警察，敗壞警察形象，目的是要使警察不能有效執法，不能將暴徒繩之於法，但這些都只是短期目標的戰術而已。反對派的狼子野心，遠不止於此，他們真正的目的，是要徹底摧毀特區政府的管治根基。懷着良好意願，相信美國式民主可以使香港更美好的市民，可能會認為這種説法又是陰謀論的猜測，但有誰可以解釋，為何日夜在保護香港市民財產與生命安全、維持社會秩序的香港警察，瞬間會成為「黑警」呢？

為何瞬間成為「黑警」？

美國要「阻擋中國人民和中華民族的前進步伐」，他們以一切可能的手段責難中國政府，在高科技方面攔截華為，在經濟上指摘中國補貼企業及操控貨幣，在政治上詆毀一國兩制，政經文化三管齊下。香港的反對派客觀上是在配合美國針對中國的做法，主觀上是希望在區議會選舉、立法會選舉上取得勝利，繼而由他們來支配特區政府的人事選配和財政運作，步步緊逼，摧毀警隊只是整個戰略藍圖的第一步，也是他們認為可以起到立竿見影的一步，如果這一步得逞，特區政府失守，他們就可以兵臨城下，予取予攜。

既然認清反對派的戰陣，目前需要做的是保護警察，讓他們一心一意的執行止暴制亂，香港一直是我們今後美好生活的地方，如果不能止暴制亂，美好的香港將不復存在。

香港風暴平息之日，或是自由黨的末日

劉瀾昌

香港政府通過引用《緊急法》，訂立《禁止蒙面規例》，之後獲建制派四十名立法會議員聯署支持。屬於建制的自由黨黨魁鍾國斌未有參與聯署，其後他上電台節目解釋稱，沒有參加聯署是因為早前自己不在港，未能了解條例內容因此沒有簽署。不過，在電台節目，他還直指，《禁蒙面法》反效果大於正面效果。事實上，鍾國斌站在建制派對立面上的立場是清晰的。有趣的是，他和自由黨其他三位立法會議員的立場也是不一致的。在這樣一個重大的問題上，自由黨如同一盤散沙，不能經過嚴肅的討論尋求一致的正確立場，豈不悲哀？相信這是自由黨在香港回歸後不斷走下坡路的標誌，或許，香港這次風暴平息之後自由黨也該消失了。

《禁止蒙面規例》訂立其實不是早了而是遲了，香港社會的有識之士早就提出，並且認為若在反修例之初甚至上次佔中之後即訂立，香港這次受到的破壞不至於如此慘烈。首先，在國際層面看，諸如美國很多州，還有包括英國在內的大部分西方民主國家都已立法，國際經驗證明，無論維護社會基本法紀，維護社會基本秩序，以及維護民主政治的正常運作，《禁蒙面法》都是必須的。美國的歷史還可以追溯到反對臭名昭著的三K黨。而就當今香港現實嚴峻的政治和社會環境而言，更是痛感此法立遲了。

香港的區議會選舉已經展開，現在不但是建制派的候選人，即使是傳統的民主派候選人，也擔心受到種種非民主手段的對待，且不說惡劣至打砸燒議員辦事處，直接威脅到候選人的人身安全，各式各樣的塗污、謾罵標語也在妨礙選民的正常思維，不受限制的網絡起底更加擾亂選民的投票意欲。

禁蒙面法代表工商界利益

對於這些，鍾國斌是無法辯駁的，他也承認他的三個黨友選擇支持《禁蒙面法》是代表了業界的利益，由於暴亂直接影響到香港的餐飲業、零售業和交通運輸業，作為其中代表的張宇人、邵家輝和易志明是期望《禁蒙面法》為止暴制亂提供法律利器。但是，鍾國斌依然認為倘政府欲立法，應該要經過立法會討論讓議員審議。他這樣說，或許可以說他傻，因為當下即使是一個普通的市民都知道，立法會能否正常召開都是問題，更遑論討論《禁蒙面法》。也因此，亦會有人認為鍾國斌是「高級黑」，就是想通過立法會玩死《禁蒙面法》。陰謀論延伸下去會發現，鍾國斌在這場風暴中一直站在港府和北京的對立面上，他是做進出口生意的，可能被美國佬揑住了「七寸」。

也許這些陰謀論都沒有根據，但是通觀鍾國斌在電台的講話，不要說沒有大局觀，沒有看工商界根本利益長遠利益的胸懷，就說基本的思辨邏輯和表達能力都缺乏，而且令人要問，這個人怎麼就當上了自由黨領袖？自由黨還是一個代表工商界利益的老牌政團嗎？即使只有四個立法會議員，至少還應該是以同一個意志行事的戰鬥團隊，怎可能允許一個人自行其是，儘管他打着黨魁的牌頭。或許，這也是自由黨悲劇到頭的標誌。

吳康民批評港英餘孽

二〇一三年四月二十二日，前港區全國人大代表吳康民在《明報》撰文，質疑英國在上世紀八十年代中英談判時，已開始在公務員團隊和工商界培育一股「親英勢力」，甚至在香港吸收不少「骨幹分子」加入軍情六處。他另點名批評前政務司長陳方安生是「港英餘孽」的「第一梯隊」，又質疑有人在前一年特首選舉投白票，形容這是「港英餘孽」的第二梯隊「暴露真面目」。

吳康民在接受查詢時坦言「第二梯隊」乃針對自由黨，直指有人「身在曹營心在漢」。吳又質疑這種人是想報答英國人提拔，才公然與中央「唱對台」。吳又認為「港英餘孽」還有「第三」和「第四」梯隊，形容前者「若隱若現，關鍵時刻出來幫腔，有時也唱唱反調」，是「雙面人」；後者則「長期埋伏，以待時機」，他不便「畫公仔畫出腸」。相信，自由黨的田北俊倒戈，也會納入到這場風暴的深刻檢討之中。

中央一國兩制的設計本來倚重工商界，直白一點就是向自由黨傾斜。當初，頂住壓力堅持「均衡參與」的原則，堅持立法會設立功能組別；特首起初由選委會選舉產生，選委會組成偏愛工商界；董建華出任首任行政長官；行政會議延續港英傳統委任多名商界代表入局，在表明中央倚重自由黨。可是，自由黨成了扶不起的天子，是否說明香港的「老闆階級」擔負不起「港人治港」的歷史重任？

「暴徒革了我的命」，香港弱勢社群在悲鳴

屈穎妍

我在臉書貼了一張照片，那是朋友傳來的一個城市定格，照片是一個佝僂着背的老婆婆，蹣跚地踏着玻璃碎爬上樓梯。

因為暴徒把小城許多升降機毀了、燒了，不良於行的老人家唯有一步一步艱辛上天橋，看她緊握的扶手旁邊是一個穿破了的玻璃大洞，腳踏的樓梯滿是玻璃碎，心痛，更憤怒。

類似畫面，這陣子碰到很多，都是社會的弱勢社群，他們在爛溶溶的城市中走動，格外無助。

有一回，在被砸爛的紅綠燈前遇到一個外傭推着輪椅在猶豫，燈號沒有了，於是大膽行人衝過去嚇停了車，然後大膽的車又駛過來嚇窒了人，人車在爭路，因為所有人都在趕時間。險象環生下，那外傭始終不敢踏出第一步，畢竟僱主性命在她手上，冒險不得。

那天聽電台烽煙節目，有個失明人士打進去，請求暴徒：「不要打交通燈好嗎？」原來，自從街上紅綠燈被摧毀，失明人士再聽不到綠燈出現時的「嘟嘟」聲，沒了聲音提示，他們茫無頭緒，這馬路，過還是不過？要過，怎過？

還有一次，我和幾個街坊相約吃晚飯，酒過三巡，甲由來了，他們迅速封路、設路障，此路不能通，那路不能走。我們趕快把晚飯吃完，但街上已無路可走、無車可行。大家都是順民，一眾街坊無奈說：「沒車，就走路回家吧！」

我們住的小村坐落山上，要爬幾段大斜坡。平日習慣搭小巴，偶爾步行出入，耗時起碼二十五分鐘。那天，因為陪着腳傷的街坊，我們足足走了一小時十五分鐘。看着那街坊一步一拐慢慢爬上山的背影，我不禁問：封死那些路、打爛那些燈，就能追求到民主嗎？你們要自由，就要剝奪別人的自由？就要欺負社會上的弱勢？

港鐵封了，你們可以揚手截的士回家，但社會上有些人，根本花不起這些錢。有個售貨員告訴我，沒港鐵的那天，她轉了幾回巴士，足足用了四小時才到家。又有個朋友說，那天遇上暴動，在荔景站被迫下車，那裏巴士線不多，她唯有坐巴士到秀茂坪，然後由秀茂坪步行回將軍澳。

這天，港鐵站天橋上又有一老婦人摔倒了，因為地上貼滿文宣大字報。塗了膠水的紙特別滑，這些所謂「連儂地」一天起碼摔倒幾個長者，遲早有人跌穿頭、搞出人命。

看着滿城弱勢社群的悲鳴，不禁要問：時代革命，到底你們想革誰的命？

香港向世界輸出暴亂，私刑「技術」反噬社會

雷鼎鳴

近年，世界不少地方都出現動盪，但若論示威的時序、形式與策略，有幾個城市都顯然受到香港的影響。這不是說香港的暴徒特別有創意，值得別人效法，他們的戰術其實也是脫胎於已去世的顏色革命教父夏普（Gene Sharp）的一百九十八招，但當今資訊發達，影像與文字可透過互聯網迅速傳遍全球，夏普的招數在香港的實踐中哪些有效、哪些出問題，可以很快被其他國家醉心於革命的人所吸收。

倫敦近年有個叫「滅絕反抗」的運動，其核心理念是要扭轉地球暖化的趨勢，此運動開始得比香港的暴亂早得多，所以不能說它受到香港太多的「啟發」，但近日他們的策略也有了香港的影子。為了吸引大眾的注意，二〇一九年十月十日他們弄了幾千人到機場及一個火車站靜坐，十月十二日又搞了個「殯儀遊行」（香港的只是在未能證實有人死亡的太子港鐵站放花圈），十月十七日又在地鐵搗亂，派人爬上地鐵車卡，阻礙地鐵通行。此舉倒是引起不少反感，在事前英國的民意調查已顯示，百分之七十二的人表明無論他們用任何方法去搞地鐵，市民都會反對，事發時，一些交通被阻的憤怒市民乾脆把那些爬上車頂的示威分子拉下來痛打一頓。反觀香港，市民對妨擾港鐵運作的黑衣人倒是斯

文很多。

智利是南美州最富裕穩定的地區之一，近日民眾抗議的目的，也許沒倫敦般「崇高」，他們是反對地鐵加價四仙，但其暴力程度與香港相比卻不遑多讓，甚或過之。在地鐵及街頭縱火、搶掠超市、責難軍方使用過度武力，好好一個寧靜的聖地亞哥變成人間煉獄，圖片可見，示威者戴上了口罩甚至「豬嘴」，連軍方士兵也只戴口罩，這些則顯然受到香港影響了。智利此次暴動，截止十月二十三日，已有十五人死亡，香港則是零，說香港警察不夠克制的，應多看外國「先進」經驗。

回到亞洲，印尼一樣有暴動，他們是在反對一些有利貪污犯的法例。據外電報道，他們的學生正緊密研究香港的情況，看看如何效法。但我們要注意，別的國家鎮壓暴動時，很少會如香港般心慈手軟，截至二〇一九年九月底，印尼因此次暴動的死亡人數已升至三十二人。

與香港情況最相似的，應是西班牙的加泰隆尼亞及它的主要城市，美麗的巴塞隆拿。此地的示威組織者公開說明是在參考香港，他們不但有阻礙巴塞隆拿機場的交通，使近百班航機取消，而且蒙面及以 Telegram 作加密的指揮工具等等手段，一應俱全。

說起加泰隆尼亞，其與香港的可比性最高。香港的一些黑衣暴徒在搞港獨，加泰隆尼亞則是要從西班牙分離出去搞獨立。加省的人口約七百五十七萬，與香港相若，GDP 則佔西班牙的百分之十六。其語言與西班牙其他地方不太一樣，香港使用粵語，與普通話也不盡相同。加省的人均 GDP 大約是香港的四分之三，但已是西班牙最富裕的地區，而且當地人對自己的文化甚為自豪，這些與香港亦有近似之處。不過，加省面積是香港的二十九倍，沒有香港那可怕的高樓價。加省的人支持獨立嗎？不同時候的民意調查結果雖不是完全相同，但都十分接近，二〇一九年七月是百分之四十八的人反對獨立，百分之四十四的人贊成，如此接近的比例，顯示社會分化必定嚴重，以致他們人民之間都不太願意談政治，以免吵架，情況與香港一樣。

歐洲的政治生態及歷史背景與港不一樣，歷史上歐洲常由多個小國組成，搞獨立的聲音較強，但即使如此，西班牙憲法中規定了不能搞分離主義，加省反對獨立的人支持的亦不少，其成功獨立機會不高。最近觸發暴亂的，是二〇一七年時幾名搞獨立的領袖被判以重刑。

近十多年來，在世界高收入的地區出現了嚴重的貧富分化，排外及反精英的民粹主義冒升，當中極右的納粹主義思想竟有回潮迹象，有評論人甚至把香港的亂象與三十年代納粹德國相比，發現有驚人的相似。若此說屬實，香港暴民搗亂破壞及行私刑的「技術」，終會經西方世界中接受納粹思潮的人反噬其社會。

上述的幾個城市也許只是起點，甚至連起點也不算，將來世界亂局出現，最能守得住外來影響的，很可能是中國內地。

令香港暴力熄滅的三盞青燈

何漢權

近代開埠以來，香港人做夢也想不到，示威者衝擊的對象，有立法的立法會大樓；有維持香港民生安全秩序與打擊罪惡、確保城市安全的警察總部，以及各分區警署，幾乎間間有份；示威者隨意堵路並截查，連救護的消防車也不例外；對異見者血淋淋的個人「私了」，營商的銀行、食肆、雜貨店乃至知識分子心頭愛的書店，一次又一次被砸壞、火燒；香港重要的集體運輸交通網絡，一句「港鐵是黨鐵」作號召動員，幾乎站站設施都被嚴重破壞！

短短幾行文字對暴力的概述，無法盡表當中受害者的痛苦無奈，更無法形容一向以法治、安全、善良為傲為榮的眾多香港人的鬱結！香港頻頻暴力，誰之過？逃犯條例修訂不是已撤回了嗎？經已是光纖傳遞、5G來臨的社會，世界各地類似的暴力示威衝突，與當地的警察採取的暴力鎮壓相比，香港警察施用武力驅趕的級數如何？公道一點，底線清楚可見。執筆之際，又是一個暴力日，油尖旺區又有非法遊行集結，警察用最低的武力驅散示威者，換回來的同樣是謾罵，人身受到長傘、磚塊及拳頭的攻擊，示威者例牌要附加的，是中資銀行再被砸，政府建築物再被搞，「私了」依然。

媒體實況傳來，不看不看還需看，香港人又是一天的傷心難過。但翌日的一份具有不少受眾的電子及實體報章，竟以「瘋警大鬧油尖旺　濫捕濫放彈」為頭條報道，顛倒是非黑白，製作「丑角」的「教育」效果可想而知。只要牢牢抱緊一國兩制的內在矛盾，以及歷史遺留，港人的反共情結，再掌握美英列強圍堵中國發展的國際形勢，並具外力優容鼓勵的類似媒體族群，繼續發放「教育」信息，橋段永遠舊，卻永遠有受眾接受。

大面積的暴力事件發生，大學生、中學生乃至個別的小學生高度介入，教育現場的各個持份者最是憂心。而內地乃至國際的媒體都發出同一個問題，香港的教育究竟怎樣了？「自從六月中學期考試結束，暑期陸續開始至九月回校上課，不知緣何？好端端的學生，返校上課就充滿悲情，口號不斷，憎恨警察情緒高漲，句句反中反共，誓要與深圳河以北的全部，一刀兩斷。凡家中父母以及校內教師、校長們有異議的，就列作腦殘異類，甚至視作敵人。」不同的學校的教師，都有同一的真實的慨嘆，筆者聽到不少這樣的個案。

「教育」能影響未來主人翁，各式各樣新舊媒體，戴上光環、有權有勢的立法議員，口舌便給、各年齡層的政客都是，只要這些學校以外的龐大「教育」力量，對暴力永不說不，家底再厚的香港，身體再棒的香港，骨質疏鬆將會繼續，終有一天倒下去！

當然，特別對中、小學生而言，返校期間，一半時間在校，一半在家，這是常態，家長能否發出正能量的教育，有重要作用，而學校教師們堅守教學專業，不能以個人政治立場，強加於受教學生身上，是十分關鍵。教育局在課程設計與發展上的把關顯然要負上責任，一國兩制不能斷裂！

這裏舉個課程發展「小節」看大局。記憶猶深，舊學制的中六、中七全體考生必須應考的一科「中國語文及文化科」（高級補充程度），就教一些現職專科中文資深教師，咸認為該科可「鞏固中一至中五的中國語文基本知識，能增進學生對中國文化的認識、啟發學生的思想、培養學生的品德，使其能建立正確的價值觀、加強社會的責任感」。課程內容中規定選讀的篇章，中國兩字是處處存在分量很重，包括：一、唐君毅《與青年談中國文化》；二、吳森《情與中國文化》；三、劉君燦《傳統科學的過去、現在與未來》；四、趙永新《中國藝術的基本精神》；五、金耀基《中國的傳統社會》；六、殷海光《人生意義》。

「六篇文章，連繫同學中一至中五從中國語文、中國歷史所學基礎，讓學生得以重整、深化學習，對中國文化的認識也可更深入。而文化科教授時強調必須有文化視野、文化景觀，應把歷史人物、事件放回其時代中作評價，不宜厚今薄古。身為中國語文及文化科的老師多會強調，無論時代怎樣變，很多亘古至今的美好價值，如仁義禮智、孝悌忠信等等，其核心價值也是不變的……」前為中文科科主任、現為校長的同工向筆者述說。

現實卻是二〇〇二年教育局課程發展處推中國語文新課程，家國情懷甚濃的「中國語文與文化科」舊課程必須離場。見微知著，事出必有因，歷史在記錄中，期望未來香港教育的課程重新出發，是「香港心、中國情、世界觀」的密不可分，三盞青燈高照，讓暴力熄滅！

瘋狂vs.理性，暴亂平息的曙光還有多遠？

陳莊勤

反對修訂《逃犯條例》引發的暴亂，超過了一般人的預期，也相信是自香港殖民地時代一九六七年暴動以來持續時間最長的一次動亂。但自從七月一日部分夾雜在反修例示威者中的暴徒衝擊並肆意破壞立法會大樓，繼而攻擊中央政府駐香港聯絡辦事處、政府被迫撤回《逃犯條例》修訂後，這場運動的性質已完全改變：反對派政客與暴動分子以「不割席、不篤灰」綑綁一起，以暴力脅迫政府答應由反對派政客與暴徒提出與反修訂《逃犯條例》不再有關係的政治要求。

不容否定，反對派政客與暴動分子提出缺一不可的「五大訴求」當中，如要求對這次反修例事件進行獨立調查，政治上有其正當性；但要求特區政府不依法追究暴力分子參與暴動與在各區肆意破壞的刑事罪行，根本是任何政府也沒有可能接受的要求。

「五大訴求、缺一不可」加上反對派政客甘願被小撮暴徒綑綁包庇縱容暴力，媒體嚴重傾側同情暴徒，單方報道警方反暴的力度而不全力暴露暴徒的罪行，成了暴亂不能止息的原因之一。

反對修訂《逃犯條例》在「五大訴求、缺一不可」的口號下不再佔有位置，因而對發動這次反修例運動的人來說，運動的目標已變得模糊。然而即便如此，每星期無止境無意識的破壞與暴力在社會上仍然得到不少人的支持，當中包括不少高級知識分子與專業人士、教會的牧者與信眾。一些原應是理性、專業與和平的香港人對暴力接受的程度，竟然是如此之高，這是最令人費解的。

暴徒與反對派政客，不斷吸引着香港和外地媒體的注意；但較不為人留意的是與此同時，沉默而熱愛香港的大多數市民，對於這幾個月來瘋狂暴力與喪屍般支持暴力的社會現象，也開始出現了強烈的不滿與厭惡。

從社會層面來說，目前香港的亂象已超越了簡單的政治訴求不獲滿足，也不再是什麼反修例等當初提出的訴求。香港社會的撕裂由政見上的「藍」與「黃」不同，轉而進入了一個破壞香港與熱愛香港、暴力與反暴力的階段。香港當下，熱愛香港與破壞香港、反暴力與支持包容暴力的對抗，折射出的是理性與瘋狂的對決。

暴徒每星期在香港各區暴力破壞，已超越了常理，甚而不是對社會現狀不滿的發泄。警方在暴動現場拘捕的人當中除了大學生，亦出現了不少中學生。在社交媒體中，除了一些常見的反政府政客外，亦出現了一些如背誦課文一樣的中學生在侃侃而談反對「黑警」暴力，宣揚「五大訴求、缺一不可」。當中被訪者中甚而出現一名只有十一歲的學生，使人聯想究竟這名十一歲的學生對「民主」認識多少？對「五大訴求」知道多少？對什麼是「黑警」、多少是真、多少是假、多少是道聽塗說，他又知道多少？有位家長帶着一個只有幾歲的小朋友遊行，讓這位幾歲的小朋友帶領群眾高呼「五大訴求、缺一不可」；這位小朋友連這八個字也不懂怎樣寫時，若不是在被洗腦灌輸，還會是什麼？

香港的主流媒體，一面倒側重報道反對派政客與發動暴亂者的觀點，對政府及支持政府一方的觀點只輕輕帶過。因而很多反駁反對派政客與暴徒荒謬觀點的資訊只能在網上流傳。其中網上流傳一個外國記者訪問一位應該是大學生的蒙面青年，記者問這位蒙面青年知不知道他追求的民主是什麼？他答不上；記者問他知不知道第二次世界大戰時德國的希特勒也是民主選舉選出來的，他默然不語。被再三追問下，他答不知道。甚至他極可能連希特勒是哪一位也不知道。然而很多這些不學無術、連什麼是民主也不知道的年輕人，便是蒙面走在街上高呼崇高遠大民主理想的人，反對派政客慫恿縱容出來的便是這些人。

當謊言變成了信仰

在這次運動中，令人留意的是不少教會及教會的牧師與傳道人扮演了重要角色。在每一區的暴動中，都有一些地區教會，很多是小教會的崇拜地點成了暴徒的休息地點，一些參與這些小教會的信眾表示不少傳道人對於幾個月來的暴動均說暴徒破壞公共與私人設施的只是少數，他們說有百分之八十的破壞是「黑警」冒充示威者幹的。當然有很多信眾對此說法置疑，但更多青年信眾對此種說法卻是深信不疑。信與不信，造成了很多教會中教友間的撕裂。但不管教友如何撕裂，對於很多相信「黑警」嫁禍反修例示威者的人來說，他們開眼閉眼高呼「五大訴求、缺一不可」就如在教堂祈禱說「阿門」一樣流暢。

在二〇一九年獲得廣泛關注的《二十一世紀的二十一堂課》（21 Lessons for the 21st Century）的作者哈拉瑞（Yuvsl Noah Harari），即在他的書中說：「如果只有一千人，相信某個編造的故事，相信一個月，這是假新聞。但如果是十億人，相信某個編造的故事，相信了一千年，這就成了宗教信仰，而且警告所有其他人，不准說這是假新聞，否則就是傷害了信徒的感情。」

在香港，對那些選擇相信「黑警」嫁禍善良示威者的教友來說，謊言不用說一千年，只需連續說一百天，已成了信仰。而且他們不容許別人質疑他們這最新崇拜的信仰。

「黑警」大量破壞並嫁禍黑衣蒙面人暴徒之說，對於稍有一點理性與常識的人來說，肯定是無稽之談。壞人是講報酬的，如果香港警察真的如暴徒說的是十惡不赦的「黑警」和「壞人」，政府可以為這些黑勾當給予什麼報酬？他們會為政府賣命而甘願冒充暴徒承擔被發現、被暴徒圍毆的風險嗎？他們會甘願冒充暴徒而冒着被發現、被革職的風險嗎？稍有一點理智的人都不會相信這種「黑警」搞破壞嫁禍暴徒的一派胡言，然而這卻實實在在是一大批被灌輸了這種信息的人如宗教信仰般堅定相信的瘋狂想法。

從二〇一九年六月到現在，對香港市民來說，香港慢慢步入了黑暗歲月，很多市民晚上與周末除必要外已足不出戶。從破壞公共設施到瘋狂投擲汽油彈，甚至出現了暴徒用𠝹刀向警員頸部施襲意圖殺警。暴徒的行為正進入瘋狂。深信警察施暴嫁禍暴徒的想法也是近乎瘋狂的。

香港面對的便是這種瘋狂與理性的對決。

然而一眾反對派政客對於如此嚴重的瘋狂暴力，仍然噤若寒蟬，不譴責、也不與施暴者割席；仍然糾纏在七月二十一日反修例運動早期，元朗地鐵站反對黑衣人的白衣人攻擊反對派政客與追隨者的單一事件。對數月來黑衣人亂擲汽油彈、肆意破壞公共設施、以致命武器攻擊執行任務的警察、針對發聲反對暴力的商戶店舖報復性攻擊與破壞等等罄竹難書的暴行，卻隻字不提。

反對派政客對暴力噤聲

這些反對派政客在想什麼？在威脅每一位香港市民人身安全的暴力面前噤聲，甚而包庇暴力，他們還有沒有資格當民意代表？

也許內心深處，他們深知：面對這群與野狼無異的瘋狂暴徒，他們若是公然割席，這群野狼對他們的攻擊會比對「黑警」的攻擊更為兇狠和瘋狂。因而反對派政客別無選擇，只能繼續陪伴暴徒們瘋狂下去。

面對這瘋狂與理性的對決。香港需要的不單是沉默理性大多數人維持理性與沉着，更需要的是頭腦清晰的強力的領導。

毫無疑問，目前的特區政府並不能達到這要求。雖然特區政府二〇一九年十月初依據《緊急情況規例條例》授權行政長官頒布了《禁止蒙面規例》，但由於警力不足所限，並不能有效執行反蒙面規例。由行政長官到政府各官員的表現，仍然改不了在暴力面前表現軟弱的態度。

也許，特區政府決策者對於目前大多數的反政府勢力與他們的支持者，仍然抱有一種希望能「大和解」的良好意願。可特區政府決策者忽視的是，眾多反對政府的人對於他們提出的要求就如宗教信仰一樣堅定不會退讓與妥協。政治離不開妥協，面對一群半點不能妥協的人，作為講理性與法治的特區政府，除非放棄理性與法治原則，否則怎樣可以與信奉瘋狂暴力的人妥協？

任何推進社會和解的努力，只能在目前的瘋狂暴力完全停止後才能展開，否則就變成了在瘋狂暴力脅迫下的和解，那是理性沉默的大多數香港市民所不能接受的。

目前在香港社會進行的便是理性與瘋狂的最終對決，愈來愈多理性沉默熱愛香港的香港市民，正在冷漠的黑暗長夜中發熱發光，等待理性戰勝瘋狂的晨曦。

香港的大學校長不會一世好運

阮紀宏

香港科技大學校長史維十一月六日（二〇一九年）與學生舉行公開論壇，席間有內地生集體離場，但被香港學生阻攔，一名內地生在保安員的護送下，在眾目睽睽下仍然被蒙臉黑衣人毆打受傷，事情擾攘近一個小時，該名內地生才能被送到安全地方。

兩天後科大舉行畢業禮，進行期間證實科大學生周梓樂離世，校長提前離開，憤怒的學生也開始大肆破壞，校長官邸、美心酒樓、中國銀行和有內地背景的教授辦公室被「風捲殘雲」。出席畢業禮的內地生及家長在恐怖氣氛中逃亡，大家在社交媒體上互道「保重」，諷刺的是，他們抵達深圳後，紛紛表示終於能回到安全的環境了。

一批科大教職員給校長的聯署信表示，「一大群科大暴徒在校長面前和鎂光燈下，向另一學生執行私刑」，但校方沒有採取即時行動處理暴力行為，對此感到失望。事件還罕有地引起國家機關的注意，中聯辦發表聲明，呼籲在港讀書的內地生注意安全。其實，科大的學生和老師可以到法庭告校長史維，因為他作為一校之長，目睹他的學生被人毆打，而沒有採取適當手段去制止，而且警察接到報警後已經到達學校門口而被拒門外，校長應被告：公職人員行為失當。

美國的一宗案例或許可以引以為鑒。位於美国華盛頓州的常青州立大學只有三千三百名學生，卻發生一宗轟動的事件。該校有一個很特別的傳統，每年的五月十六日是「缺席日」，有色人種學生當天在校園外聚集，討論各種議題，讓大學其他人感受他們的缺席對學校帶來的缺失。這個傳統在二〇一七年被顛覆，有色人種學生提出訴求，「請」白人學生和老師在「缺席日」離開校園，讓有色人種由缺席校園變為出席。韋恩斯坦教授提出反對，因而遭到很多學生的抗議，譴責他是納粹分子和種族歧視，並在他的課堂連番鬧事。學校沒有為他提供足夠的人身安全保障，導致他要在校外上課，韋恩斯坦教授狀告學校失職，最後訴訟庭外和解，學校賠償他五十萬美元，韋恩斯坦則辭職。

學生是否告史維校長是後話，眼前是在校園內止暴制亂，大學已停課三天，學生在校園內跟警察攻防戰，警察退守後，學生走出校園破壞公共設施。這是一個顛倒的時代，校長的職責本應是引導學生在遵紀守法的情況下自由探索，目前的情況是，學生無法無天地搞破壞而要求學校保證他們的自由。

這些都是校長的另一種失職，中文大學校長段崇智跟學生閉門對話，聽了二、三十個學生訴說被捕經歷後表示，「同學的每一句說話都打進我的心坎裏，讓我非常的痛心和難過」。一個大學校長，聽了學生一面之詞之後，便立即感動得去信特首要求跟進，並為學生打保票，學校的律師會二十四小時為他們候命。

浸會大學的校長錢大康，每有學生被捕，都會第一時間跟進，並發聲明要求警方公正處理，以及解釋為何警方使用過度武力，但暴徒學生在砸爛校長辦公室後跑到新聞系，用粗言穢語高聲辱罵老師，校長卻沒有發聲明，慰問受到「文革式公審」的老師。

不清楚究竟大學校長是在「討好」學生，還是圖僥倖實行綏靖政策，得過且過。他們的不作為，領導大學的校董會看不過眼，八大校董會主席發表聯合聲明：大學的至高責任是為每一位持份者提供安全的學習和交流意見的環境，不應有人感到被欺凌或威脅。每個人都有權利充分表達意見，但大學校園或任何其他地方都不容許有任何形式的暴力行為、粗暴言語和無禮行為。尊重大學財產是所有大學成員的基本責任。塗污、破壞財產是違法行為，無法容忍。

香港的暴亂如何發展下去，難以逆料，可以肯定的是聲明已經對暴徒學生不起任何作用。可是，大學管理層也不能任意讓情況惡化，大學是香港社會的一個重要部分，大學生是這次暴亂的主力，解決不好，整個香港永無寧日。更大的問題是，香港之於國家，能夠做貢獻的範疇愈來愈少，大學為國家培養人才以及提供科研成果作為經濟發展之用，是香港具備獨特條件去做的，但現在各大學的恐怖氣氛，內地生還是否願意來港讀書也成問題，目前在香港教書和研究的，有內地背景的學者是否願意留下來，也成問題。即使內地生不來，海歸學者離職，香港的大學也要培養本地學生，為香港社會和國家發展做貢獻，這一條最基本的都做不到，他們憑什麼領取每年兩百億元以上的資助。

香港一國兩制風雲變色的時刻

邱立本

沒有一國，就沒有兩制。這是鄧小平三十多年前推出一國兩制的重點，也是他堅持香港一定要有駐軍的理念，確保中國在香港的主權不受挑戰，也要確保香港社會的安全與穩定。

三十多年後，香港的局勢顯示了鄧小平的遠見。在反對派的暴力主義肆虐下，香港社會正陷入空前的動亂，地鐵與公路不斷被破壞，幾百組交通燈被打爛，幾十家餐廳遭刑毀，幾所大學校園被破壞，商場被搗毀。愈來愈多民眾的生活受到影響。高舉港獨口號的反對派不斷向警察挑釁，也不斷私刑圍毆反對他們的市民。

這也破壞了文明的底線。反對派本來的訴求就是要追求一個自由民主人權法治的社會，但它的所作所為卻是走向這訴求的反面，剝奪了香港人的自由、破壞了民主社會尊重不同意見的多元化格局，也損害了市民的人權，讓香港成為一個法治的叢林，毀壞公物與損害私有產權，暴露了暴亂者的醜陋面目。

這些被稱為「泛暴派」的力量其實就是要癱瘓香港，讓香港進入無法統治（Ungovernable）的境地：他們看似在街頭上取得了戰術上的成功，但其實是在戰略上的慘敗（Fiasco）。因為他們丟出的汽油彈愈多，阻攔巴士與地鐵愈久，民怨就會愈來愈沸騰，讓他們愈來愈失去民心。

民心也在街頭上出現，在滿佈障礙物的彌敦道上，突然有一群白髮蒼蒼的老者，默默地，去將這些障礙物掃除。他們眼神堅定，讓那些年輕的黑衣人不敢動手來「私了」圍毆他們，也使得現場與電視機前的民眾動容。

在元朗、屯門一帶，大馬路上也是佈滿了暴徒所布置的磚頭和竹枝，但附近的街坊也勇敢地出來，將那些障礙物搬走。哪怕屯門一帶的輕鐵鐵軌都被暴徒破壞，整個撬起來，但還是有不少街坊去把路軌上的磚頭搬走，展示要維護家園一片淨土的決心。

暴亂者的算盤打錯了，他們以為用恐怖主義的手段，會嚇阻市民，會讓政府讓步，但其實反而激起了更多市民的厭惡。因為香港人無論是哪一種顏色，哪一種政治立場，都重視法治，重視社會的繁榮穩定。如果有一些政治的激進分子，以為用暴力的極端手段，就可以讓「一國兩制」中的「一國」消退，讓「兩制」抬頭，那麼歷史的發展，恰恰是走向相反的方向，讓北京與香港的「沉默大多數」，更加需要「一國」刷出存在感，才可以保護香港社會，才可以保護香港人免於恐懼的自由。

這也是一種「自我實現的預言」（Self-fulfilling prophecy），反對派要排除「一國」，但由於用錯了暴亂的手段，反而讓「一國」的力量成為民眾的呼聲。這是歷史的弔詭，也是香港政治發展的最新變數。

第四章

區選後的香港政局

二〇一九年十一月二十四日，香港區議會換屆選舉舉行投票，此次選舉投票人數及投票率打破歷屆區選及立法會選舉紀錄。選舉結果出爐，建制派失去大量議席，此次失利引發建制派關於如何再出發的思考。

十一月二十七日，美國總統特朗普簽署《香港人權與民主法案》和《限制向香港出口催淚彈和人群控制技術法案》，中國外交部強烈譴責美國干預中國內政行為。

在經濟方面，香港服務業因反修例風波受創嚴重。為了選擇性支持政見相同人士的店鋪生意，自二〇一九年八月五日「三罷」之後，有人製作了軟件，藉以標記藍店與黃店，呼籲黃絲群體僅在黃店消費，形成黃色經濟圈。與此同時，藍店則成了暴力破壞的針對對象。至十一月，依政見決定消費的行為愈發常見，鼓吹黃色經濟圈的聲音也愈來愈高。

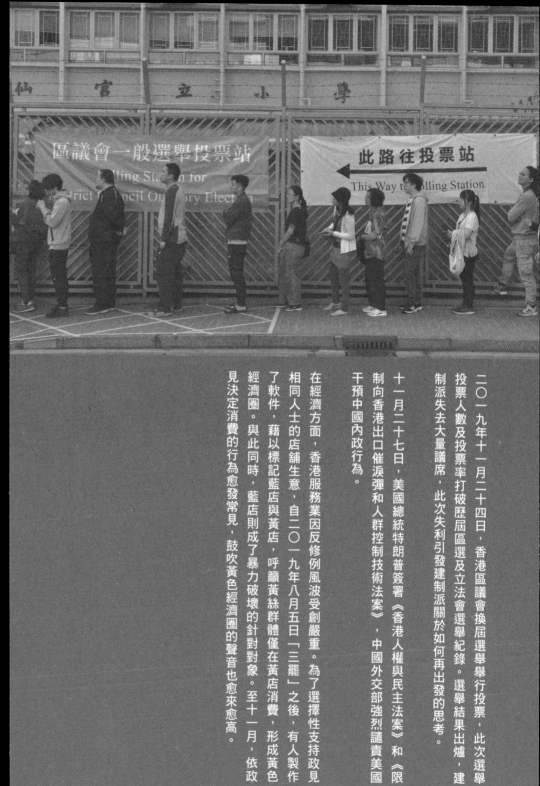

美國《香港人權與民主法案》其實也是無牙老虎

劉瀾昌

香港暴亂把香港打成亂葬崗，且不說地鐵的設備、道路上的紅綠燈、中資銀行的櫃員機……都成了變態人的發泄物，神聖的學堂中大、理大也可憐地成了垃圾堆。物的損失也許可以再造，可是自稱「香港人」的高貴又華麗的外衣竟也脱得乾乾淨淨，人格缺失以至醜陋人性一覽無遺。他們原來不懂民主，人家意見不同竟然可火燒之，私了之，裝修之。

自稱最愛民主竟如此不民主，香港的基石法治也是那麼脆弱，且不說刑罰畸輕畸重，塗污美領館要坐監，損毀國旗判社會服務令，還有法官不以維護香港的正常社會秩序為重，挖空心思否定禁蒙面法，自以為有違憲審查權……好端端的一個香港還剩下了什麼？剩下了自由港，但是美國國會還不放過，搞個《香港人權與民主法案》，只是自由港是香港安身立命之最後法寶，美國議員恐怕搞不動。

美國總統特朗普去年十一月二十二日接受訪問時，對於會否簽署參眾兩院通過的《香港人權與民主法案》，含糊其辭，稱自己支持香港，但同時與中國國家主席習近平站在一起。美國《紐約時報》及《華盛頓郵報》分別形容他的言論，暗示可能不會簽署或否決該法案。特朗普又表示，全靠他游説習近平勿出兵，香港才不致十四分鐘內被摧毀。

那麼，特朗普是否會簽？其實，這不重要，因為筆者認為這個法案是無牙老虎，表面上氣勢洶洶，但實際上最受到威脅的是香港及內地那些在美國有財產和銀行戶口的人，而香港的自由港地位美國是無法改變的。不過，特朗普比香港暴徒明白事理，知道他們是敵不過解放軍的。只是，不出動解放軍並不是特朗普的功勞，在七月示威之初駐港部隊司令員陳道祥少將就對來訪的美國國防部印太安全事務首席副助理部長海大衛表明不干涉香港事務。

也許有人說，既然該法案是無牙老虎，為何內地反應激烈？問這樣問題的人，其實很愚蠢，美國憑什麼可以通過制定國內法來干預香港事務？不少香港人不高興內地干預香港的內部事務，但是為什麼同意美國干預呢？還有人主動邀請美國干預，豈非咄咄怪事？美國企圖用「長臂管轄」來干預一個主權國家的內部事務，不但我們國家要反對，我們有尊嚴的香港人也是不能允許的。

有大律師說，即使美國國會企圖用「長臂管轄」威脅香港政府官員和建制派的商人，也未必如意。因為這些官員和商人在美國的財產也不是可以隨意被封，這些私人財產是受美國憲法保護的，若然受到隨意的不公正的待遇，完全有理據打官司且勝訴的可能性大。除非個別人，例如何志平是被指有賄賂的證據。相信未來香港政府高級官員都「識做」，既然入了香港的「熱廚房」，就要將海外資產庭院「打掃乾淨」。

美國利益反而會受損

好了，說到核心問題了，這個《香港人權與民主法案》也不是沒有達摩克里斯劍，那就是對香港獨立關稅區是否承認的問題。法案要求一年一審，每年都提交香港人權和民主狀況報告，然後視情況定奪。乍一看，這把劍不謂不鋒利，香港如同被送上火爐每年烤一次。可是，細想一下，香港還有多少製造業呢？已經很少很少了吧。美國要加這極少的香港產品關稅，當然有影響，但是對香港整體經濟影響不大，可能加速這些企業轉型。

事實上，美國現在和中國內地打貿易戰，加了很多關稅，也不會允許這些產品打香港的招牌，香港企業在珠三角等地的產品也是視同內地產品，美國不會在香港給內地貨開一個口子。這就是國際貿易通行的產地原則。在中國改革開放前，香港是連接內地和世界的一條特殊的「通道」，現在沒有這回事了。相反，美國對香港會查得嚴，不會讓內地的產品即使是港商和台商走香港逃稅。

但是，香港依然是國際上最成功的自由港，即使美國對香港另眼看待，香港的自由港政策不會改變，香港對世界包括美國的貨品進口還是採取基本免税政策。香港的政策是香港自身定的，不是美國來定的，即使美國另眼看待，但是還有全世界呢。一言以蔽之，香港安身立命的自由港，不會因為美國的香港法案而改變。相反，美國每年在香港獲得的三百億美元貿易順差，可能要泡湯。

這點，特朗普其實清楚，美國的政客也清楚。香港靠自由港安身立命，在當下香港這個自由港裏最重要的是金融業，美國國會通過的這個《香港人權與民主法案》恐怕難奈香港金融中心何，香港的資金自由進出也是香港自定的。除非繼續搞暴亂和破壞香港的法治，不過區選結果未傳達正面信息，「香港人」未來真要自求多福。

最後，筆者斷定，即使特朗普簽了《香港人權與民主法案》，也不會影響中美貿易協議。

最撕裂的與最有韌性的香港

邱立本

這是最撕裂的城市。同一個家族、一個學校、一個企業、一個公司，都有完全不同立場的群體，大家的政治看法南轅北轍，就好像生活在平行的時空裏，各有各的活法。

這就是當下的香港。這次區議會選舉，泛民在十七區大勝，但以總量來算，則是百分之五十七與百分之四十一之比，投票人數逾二百九十萬。這也反映了香港社會的撕裂程度與高度動員的狀態，在社交媒體上的群組更是內訌不已，小學群組、中學群組、大學群組，都在為了政治吵架。最後群主不得不下達命令，不得在群組內討論政治，以免傷了和氣，破壞了同學親愛精誠的感情。

這也讓很多香港老人感到驚訝，因為香港從來就是一個經濟城市，大家忙於賺錢，香港人的國際形象就是經濟動物，但如今很多人都成為政治動物，被政治理念牽着鼻子走。但香港也成為一個最被扭曲的城市。在不少國際媒體的報道中，香港突然成為一個「水深火熱」、最沒有自由、最沒有人權、最不堪的城市。尤其是一些主流的西方媒體，都在不斷「抽水」，將香港的局勢斷章取義。如中大與理大的新聞報道，都被描述為警察暴力圍攻校園，搜捕學生，而不提中大的「二號橋」爭奪戰，在於要保護吐露港公路不被截斷；而理大之役，則是要避免紅磡隧道被截斷與破壞。他們也不會提到，校園內有數以千計的汽油彈。這都是香港市民熟悉的新聞事實，但在這些外媒中，則只是呈現另一個畫面，也使得一些國際讀者，與香港人生活在不一樣的平行時空裏。

但香港其實是最有韌性的城市，無論怎麼被破壞與扭曲，但民間的動力不斷，即使在交通被大規模癱瘓之後，市民仍然找到各種上班的方法，也在烽煙四起中，可以不斷自嘲、嘲人。因為香港人最了解這是一個最自由的城市，八成媒體都是反政府和反北京。香港政府出資的《香港電台》，每天都是以反香港政府與反北京為主旋律；很多香港人視之為理所當然。大家不能想像，台灣的公視若每天批評民進黨和小英，會有什麼下場。

很多外媒都報道說香港沒有言論自由，但如果到旺角和銅鑼灣的報攤看看，就可以看到很多有關中共高層秘辛的書，只是本地讀者不多，大部分的顧客都是內地遊客。更不要說，反對北京的法輪功可以在彌敦道舉行大遊行，參加的人數以千計，浩浩蕩蕩，前面還有警車開道，讓路上的內地遊客看到目瞪口呆，紛紛舉起手機拍攝，驚嘆香港擁有這樣高度的自由。

香港的韌性，在於它的底氣。無論外界如何抹黑，但香港人自己知道這城市真實的世界，真的假不了，假的真不了。關鍵就是要保持多元化，保持寬容的特色，不要被狂熱的意識形態洗腦，不要被同溫層的高溫誤導了自己，也誤導了這個城市的發展。

區選後形式解讀：部分港人仍處於失智失德狀態

雷鼎鳴

區議會選舉結束，雖然建制派所得票數有顯著增幅，基本盤並無流失，但在總席位上卻兵敗如山倒，這倒是應驗了我曾援引淝水之戰歷史案例所寫下的論斷：在兩軍對峙時，任何一方的退讓，必會引發不測的危機。林鄭當時不斷道歉，其後又大隱於府衙之內，在社會最需要領導人論述之時，她在一段頗長時間內卻鮮有公開露面，當時已有建制派議員埋怨這會拖累區議會的選情，今天只是應驗了那時的預言罷了。

這次選舉及這幾個月多次示威及暴亂的參與人數，倒是有助於我們掌握香港的實況。今次投票人數約二百九十四萬，兩大陣營的得票率因點算票數時有個別的作弊投訴，所以仍有爭議性，但大局不改。建制派得票約一百二十二萬，反對派得票一百六十九萬，另有三萬餘票不歸類於這兩陣營。按百分比算，大約是百分之四十一点五與百分之五十七点五之分。很多人說並無打破四六比的常態，也不無道理。

因投票率高，不少人驚訝沉默的大多數去了哪裏？在愈來愈撕裂的社會，這確是值得注意的問題。二〇一二年，鄭赤琰教授建議香港的選舉制度應學習新加坡、澳洲等地的全民強制性投票，我對此建議大力支持。若用此方法，沉默者便不能再沉默，我們才真正知道民意。香港二十一歲至八十五歲人口，扣除數十萬外傭後，今年約有五百八十萬人，我們可把他們分成幾大類。

約四百一十三萬人登記為選民，連選民也不願做的大約是一百六十七萬人吧，有登記但沒有投票的是一百一十九萬人，兩者加起來是二百八十六萬人，幾乎剛好等於香港成年人的一半。這些成年人，在如此動盪的社會環境中仍保持沉默，也許各有因由，但顯然他們絕大多數並非政治動物，不過，這些沉默者總數稍低於成年人總數的一半，我們以後只能稱之為沉默的一半人，而不是沉默的多數。

有投票給反對派的一百六十九萬人，是香港成年人口的百分之二十九，仍是少數，投給建制派的，則是百分之二十一。兩派都遠未得到香港成年人口大多數的支持。換言之，社會撕裂雖然加劇，中間派銳減，但中間人數依然最多，在今天特殊的環境下，這倒是稍為值得安慰的部分，中間派若不斷萎縮，社會的和諧必會受損。

我們若把香港的政治光譜只劃分為建制派、中間沉默派及反對派，則又過於簡單。在這場暴亂中，我們可看到真正的暴徒每次應只是三千多人，多次加起來的或有六千、七千，理大一役，除非律政司決定起訴時放軟手腳，否則這麼多人在暴動案發現場被抓獲，很難不損兵折將。但在過去，我們也見到在多次暴動期間，可能有總共多達數萬人協助過暴徒，他們亦不肯與暴徒割席，這些人雖不見得有直接參與過暴動，但在道德上或法律上，我們都應視他們為暴動的同犯，需要譴責。

在去年六月最大型的示威中，組織者聲稱有兩百萬人參與，我們算出是四十萬人以下。我們知道，投票比較其他的政治參與，是機會成本最低的，所以參與的人數亦應最多，但今次投票支持反對派的只有一百六十九萬人，這便反證了他們過去所說的兩百萬人是胡說八道。有去示威的四十萬人，我們可視為香港反對派政治運動的較積極支持者，但我們不能把這些人都視為支持暴力。至於沒有去示威，但又有投票支持反對派的一百二十多萬人，他們與暴徒的距離更遠。

這一百六十九萬人為何投反對派？他們中間當然有相當一批是泛民的基本盤，但不見得全部都是。我從前也指出過，藍營黃營人數都有上升，中間派減少。黃營人數上升，除了人口結構改變、年輕人投入外，我相信政府錯誤路線的影響最大。市民眼見政府無心無能力反擊暴徒的肆虐，自然不滿，建制派候選人受拖累是必然的。至於藍營人數增加，主要是市民難以接受一些只懂破壞毫無建設的行為。我在朋友圈、知識界或街頭巷尾與市民交流，不知見過多少人或搖頭嘆息，或心中憤慨，不過，他們對政府的無所作為一樣不滿，這也抑制了部分人的投票意欲。

也許經過從中大二號橋向公路投危險物品、在理大投汽油彈，及選舉後暴徒被抓及疲倦，暴動會稍息，但人心仍然浮動，部分香港人仍處於失智失德的狀態，經濟衰退亦無可避免，如何走下去，將來有機會再談。

香港從來沒有自主命運

陳文鴻

香港開埠是由於中英的鴉片戰爭，目的不是為了香港這個小地方（當然不是如英國所宣傳的小漁村而是與廣州以南的農村連成一體），而是為了打開中國的市場。所以香港一開始便是自由港，也不因三元里民眾對英國佔領軍的攻擊，而開放內地居民自由進出香港。香港因此可以成為走私港，侵食廣州的正常貿易，也促進對華的鴉片貿易。香港只是英國政府與資本利用的一個主要港口。

二十世紀初，英國等在中國及亞洲各地通過殖民地與條約港（租界）發展，組成了以香港、上海、新加坡為中心的亞洲條約港體系，拓展英國等帝國主義國家在中國與亞洲區的貿易與金融活動。這個體系產自炮艦政策，也從來都是政軍一體。香港與上海、新加坡憑此而成國際大都會，香港更成為全球四大國際金融中心之一。主要是作貿易融資和資助中國內地軍閥的內鬥內戰。香港便是英國政府與資本在中國和亞洲區的進攻橋頭堡、後勤支援地和金融平台。對大英帝國的作用，可與倫敦東西媲美，轉口貿易只是次要。

美國因朝鮮戰爭圍堵中國本可把香港一下毀掉，但中央留下香港作為窗口，美國便可有與中國談判的地下通道，也可順勢改建香港，在中國邊緣佈下棋子。英國也不願在失去新加坡之後，再失香港。此所以在楊慕琦的政制改革想法之後，英國一直保持香港殖民地體制不變，也在政治和軍事（香港警察是準武裝部隊）牢牢控制香港。不過由於英國已屈服於美國，開放香港讓美國介入，建立不公開的對華基地。

上世紀七十年代，美國是聯華對付蘇聯。故此，香港處於中美良好關係的合作階段。可能因此，美國可在利用香港作加工生產基地之外，將之伸延至內地，促成中國內地改革開放，成為美國企業發展的另一個樂土。

八十年代，日美貿易磨擦，美國政府與企業的對策是既制裁對付日本，同時擴大在中國內地的加工生產，經濟上抗衡日本的製造業。中美關係更趨良好，美國也不介意中國收回香港，並沒有支持英國與中國強爭香港的主權與治權。香港便盡享中美和好的各種經濟與政治利益，中國也放心在香港實行一國兩制。

到二十一世紀，中國成功地協助美國打倒它的最大兩個競爭對手——俄羅斯與日本。香港回歸後二十年也適逢中國內地大貪腐，美國是最大得益者，因為中國外逃資金主要是到美國。香港作為資金外逃通道自然也分一杯羹，美國支持香港為貪腐服務而變形了的一國兩制，中國也不對美國有任何敵意。這樣扭曲了的政治關係掩蓋了中國復興帶來對美國霸權的挑戰，中美還是相安無事，香港便可發內地貪腐的不法之財，而成泡沫經濟，用浮財掩蓋愈來愈嚴重的結構性矛盾。

香港出現問題的時間點

香港出現問題，始自二〇一四年的佔中，當然起始應該更早，似乎與中國內地大清貪腐同時。清貪腐的效果使外逃資金大減，美國與香港所得的非法財富也大減。與此同時，中國內地勵精圖治，開始從反貪腐進而堅持走自己的道路，用新時代中國式社會主義的表述來推動一整套發展戰略的重建重整。這恰恰與美國在中國長期宣傳的一套美國化改革開放大不相同，也因此抵觸了美國利用中國、和平演變中國的戰略。中國顯露了各方面的實力，使美國驚覺中國的挑戰更大於蘇聯、日本，中美的矛盾便完全突顯出來。現階段看，由於美國本身存在着嚴重的結構和體制危機，不可能讓步，只能以脅迫中國轉移危機來自救。中美衝突或許未至戰爭，卻不可能和解。

中美之爭因而必然禍延回歸後的香港，佔中等在香港的發生便與中美關係惡化同時開展。美國在香港發動的顏色革命目標不是香港，而是中國內地。香港不亂便搖動不了中國。香港作為中國防線最薄弱的一環，便成中美之爭首階段的主戰場。

香港從來沒有自主的命運，成敗也只能俯仰於人！

香港政治格局調整，挾洋自重是絕路

周八駿

香港長期受西方影響，隨着世界進入百年未有之大變局，而這一大變局的核心是全球重心由西方向東方轉移，香港自然成為東西方關係其中一個磨心。

為什麼二〇一四年違法佔中運動可以和平收場？二〇一五年關於普選行政長官政改失敗後，第五屆區議會選舉建制派仍大敗反對派？為什麼二〇一九年反對特區政府修訂《逃犯條例》和《刑事事宜相互法律協助條例》演變為「黑色革命」，而且，十一月第六屆區議會選舉反對派大敗建制派？

從宏觀政治環境看，就因為四、五年前世界雖已進入百年未有之大變局，卻尚處初始階段，美國的全球戰略仍以反恐為重點；而今，百年未有之大變局已進入第二階段亦即全面深入展開，主要標誌是美國調整了其全球戰略、視中國為其主要對手之一，於是，美國對香港的政策也開始調整。

美國制定和實施《香港政策法》，是希望經香港和平演變中國，所以，美國不會損害香港。美國制定和實施《香港人權與民主法案》，是以香港來要脅中國向美國屈服，如不成，則美國不惜犧牲其在港利益而毀壞香港。美國對待中國採取全面遏制方針，無論能否與中國完全脫鈎，世界已開始進入「新冷戰」。全球格局和中美關係如此重大深遠的調整，必定牽引香港政治格局調整。

香港政治格局正在展開的調整，有兩個必須重視的現象。

「和理非」與暴力融合

一是「拒中抗共」政治勢力的政治鬥爭策略出現顯著轉變，由以往兩種不同策略配合，轉變為二者融為一體。傳統「泛民主派」過去一直採取所謂「和理非」的政治鬥爭策略；本土激進分離勢力即使實施非法的佔中行動，其間雖數度實施小規模暴亂，但大體保持和平。反對特區政府修訂兩個條例風波演變為「黑色革命」以來，暴亂取代「和理非」成了泛民主派等政治勢力主要鬥爭策略；同時，泛民主派政治團體都公開宣稱不與暴亂割席。

從一九九七年七月一日至二〇一九年六月九日，以泛民主派為主體或者為主要代表的反對派勢力，不時挑戰「一國兩制」和《基本法》，但他們的行為尚在香港法治範圍內。自反修例風波演變為「黑色革命」並以暴亂為主要特徵以來，這股政治勢力整體向「港獨」轉變。

在一國兩制下，香港特別行政區民主政治可以有反對派，但前提是必須尊重「一國」即尊重國家政治制度。允許喊「結束一黨專政」的泛民主派成為特區建制一部分，是基於歷史，也是寄望泛民主派逐漸向建設性反對派轉變。然而，事實是他們不僅不轉變為建設性反對派，相反，蛻變為分離主義者甚至港獨分子。

工商財經界政治團體陷入兩難

香港政治格局正在展開的調整還有第二個必須重視的現象，即：被視為愛國愛港陣營重要力量的工商財經界的政治團體陷入兩難境地。

作為整體，他們既與內地建立了深刻的經濟聯繫，也與美英及其他西方國家長期保持密切的經濟交往；既有炎黃子孫的家國情懷，又受西方意識形態的潛移默化。

他們反對或質疑特區政府修訂兩個條例，反映他們與西方國家經濟交往受西方意識形態等影響。他們反對暴亂，支持特區政府依法施政，反映他們畢竟是炎黃子孫，重視與內地經濟聯繫。然而，他們中間即使政治態度最為曖昧的自由黨也在第六屆區議會選舉中受挫，迫使他們不得不反思下一步的政治取態和長遠的政治定位。

北京應對百年未有之大變局的方針政策將主導香港政治格局調整。針對美方為《香港人權與民主法案》簽署成法，二〇一九年十二月二日，中央政府決定自即日起暫停審批美軍艦機赴港休整的申請，同時對「美國國家民主基金會」、「美國國際事務民主協會」、「美國國際共和研究所」、「人權監察」、「自由之家」等在香港修例風波中表現惡劣的非政府組織實施制裁。

「拒中抗共」政治勢力挾洋自重是絕路，工商財經界政治團體應當堅定愛國愛港立場。

失效的《香港教育專業守則》

何漢權

二〇一九年走進歷史，對香港、國家乃至全世界，關心維港兩岸的所有人來說，自二〇一九年六月初起的整個下半年，是百感交集的，不同形式、大小暴力場合的出現，火光熊熊地砸、燒四處都有，更讓人不忍目睹的是，一幕幕出現的「私了」、可以置人於死地的圍毆個案，可以讓人尊嚴掃地的吐口水、噴漆塗面的個案陸續發生，展望未來，也讓人憂心忡忡！

截至二〇一九年十二月，按政府公布參與暴亂被捕的教師人數共六十六人，任教學助理的有十一人，這些動態的違法個案，概有參與「私了」圍毆異見者，堵路及非法集結，執筆之際，就有一教學助理，涉嫌測試遙控炸彈而被捕。另外，再按教育局就近年以來，因亂局衍生，各種「靜態」的歪情歪理行徑，如發表欺淩、煽動、恐嚇等失德言論，需要調查教師職業操守的個案合共一百零六宗，完成調查個案共六十宗。教育局亦公布，初步調查結果成案的有三十宗，現正考慮作出懲處。

從教育現場看，教育局懲處，可否依教師專業操守的守則行事？早於一九八二年，國際顧問團在《香港教育透視》報告書裏，已建議成立一個「香港教師組織」，主要為了提高教師的專業地位，輾轉到一九八七年，其時的教育統籌委員會建議成立「教育工作者專業守則籌備委員會」，經多方諮詢，用了三年的時間，制定了《香港教育專業守則》（下稱《守則》），再至一九九五年，才有主題內容相約的修訂版。以教學專業角度看，該《守則》涵蓋是全面的、具專業國際水平的，是教師必須遵守的，《守則》亦符合社會對教師的育人子女的期望。

過去香港長時期的和平友愛歲月裏，就筆者所知，不少學校在開學之初，都發予全體教師人手一份，以為教學守則，從而有所依從。事實上，教育局在二〇一九年八月底開學之初，亦發電子版予全港學校，藉此提示全港教師，教學要有專業的規範。

當中，有關「對專業的義務」，部分內容如下：「應對自己有嚴格的要求，凡是可以促進學生身心成長的活動，都應該努力不懈地改進，以滿足社會對專業的期望……應努力增進不同文化之間的了解與尊重，促進不同種族之間的和睦相處……不應從事有損專業形象的工作……不應為謀取個人私利而作宣傳」；而有關「對學生的義務」，部分內容如下：「在教學過程中，應關心學生的安全……不應因種族、膚色、信仰、宗教、政見、性別、家庭背景或身心缺陷等原因而歧視學生……與學生討論問題時，應盡量保持客觀……應避免使學生難堪……應培養學生民主精神，教育學生尊重他人。」但細看被逮捕的教師、教學助理的言行，能符合教師專業守則所載的條條內容嗎？抑或是走向《守則》的相反方向？

《守則》並不等同法律，《守則》對師德要求，當有更高標準，教育局考慮懲罰三十宗初步定案的老師自有必要。暫停進入教室教學，處以半職、革職以待觀察，情節嚴重者開除教席，都應在考慮的範圍之內。而天子、教師犯法則與庶民同罪，當法庭按證據判罪，這就是社會罪責的承擔，能否再成為專業教師，教育局更需嚴肅面對。歷史說明，政治狂飆的年代，政治的作為匪夷所思，但願二〇二〇年開始，和平、良善、友愛能落腳獅子山下，淳樸的、良善的價值教育必須從學校開始，這是重建香港的第一步。

從留學生到暴徒的距離

潘麗瓊

我最近聽過最絕望悲傷的故事，發生在香港一間大學，卻不為人知。男主角是一個品學兼優學生，來自亞洲的某個貧窮國家，獲頒全額獎學金，像中六合彩般，歡天喜地來港求學。

豈料踏入校園兩個月，發生激烈的反修例運動。校園變成兵工廠和火藥庫，課堂被迫中斷。最悲慘的是，他受仇恨社會氣氛影響，被朋輩拉伕，義無反顧地加入黑衣人暴力抗爭行列。一天，在校園烽火連天戰場中，他被逮捕。警察在他身上搜出汽油彈。他當場斷正，百辭莫辯，被控以暴動罪，前途盡毀，或面對最高刑罰十年監禁！

不懂中文或英語的母親，千里迢迢趕來拯救愛子，聽到兒子承認犯下彌天大罪。她剎那間由天堂墮進地獄，由望子成龍，充滿自豪和期望，變成絕望無助，欲語無言，欲救無從，整個世界陷入崩潰。

在眾多被捕疑犯中，非我族類的兒子只是五千分之一的炮灰，不是政治明星，丁點剩餘價值都沒有，連一角報道也沾不上邊，誰有興趣理你？

舉目無親，心碎的母親，含着淚望着見她的大學職員，職員恐怕她會問：為什麼我那勤奮好學的兒子，來到香港，書沒得讀，卻變成殺人放火的暴徒？我要控告大學失責！快把兒子還給我！不知是幸還是不幸，她來自貧窮小國，找不到翻譯，令她連最後控訴和發泄的機會都被剝奪了。

孤苦無告的母親，面對人生毀於一旦的兒子，前途化作微塵，無語問蒼天。

若荒島試行「黃色經濟圈」，港獨自會死心

阮紀宏

商務及經濟發展局長邱騰華質疑以「政治理念取代消費選擇」的做法，是否能夠持續，真是杞人憂天。反對派梁家傑呼籲：「政府愈批評黃色經濟圈，民眾就應該多搞、大搞、真心的去搞。」現在是時候支持港獨分子以「積極和有建設性」的態度去搞黃色經濟圈，政府應該劃出一個荒島，讓他們真心的去搞。但既然在香港的領土上搞，還是要遵守香港的法律。

黃色經濟圈並非什麼創意，只是暴徒為以暴力手段襲擊反對他們的商店尋找一個好聽的藉口而已。政客只是以「聰明」的方法，將這些暴力行徑概念化，並且嘗試以此進一步鼓動暴徒以更激烈的手法打擊支持止暴制亂的力量，但反對派政客只是一貫地停留在磨嘴皮（lip service）的工夫上，只會一味鼓動「笨人出手」的政客是不及格的政客，他們應該有更實質的行動才對。

其實，任何人對於去哪個餐廳吃飯、到哪一家咖啡館喝咖啡、到哪個便利店買東西，都是個人的喜好與自由，至於有人不以餐廳提供食物的色香味或者餐廳的裝潢作為選擇標準，而是以店主的政治傾向為準則，只幫襯「黃店」，抵制「藍店」，別人不得說三道四。問題是，你有自由選擇自己

喜歡的，別人也應該享有同等的自由，你憑什麼以暴力手段去毀壞跟你政治傾向不一致的商店，阻止跟你想法不一樣的顧客去行使他們的自由？這是淺顯的道理，而且，去破壞一間商店，是違反法律的刑事行為，不是什麼顏色經濟圈可以合理化的，別以為以「裝修」作為掩飾的說法就可以逃避刑事責任。

不知道梁家傑所說的真心去搞黃色經濟圈是如何個真心法？既然「黃營」要抱團取暖，自己人靠自己人，自己人益自己人，好啊！真心搞就徹底一點，去一個與世隔絕的地方，從原材料到製成品再到消費，一條龍都是自己人，不假外求，也不怕人家干擾。香港有很多荒島，向政府申請一個，「黃律師」和「黃社工」可以幫忙申請社企牌照，名聲好聽又免税，用島上的水（不是內地來的東江水），種自己的稻米和蔬菜，養自己的豬牛羊和家禽，養自己的蠶，織自己的布，自供自給，完全「獨立」。

這個建議一旦有了眉目，相信不少人會報名，最多的會來自「前線」扔汽油彈和堵路的黑衣人，他們不少是中學生，莫說耕種養雞，連組織打掃衛生的工作都不會，一定要有既會說道理又有組織能力的成年人帶隊，這個任務非反對派立法會議員莫屬。

當然，身在香港領土一天，就要遵守香港法律，島上可以種任何東西，但不能種罌粟和麻黃草這兩種海洛英和冰毒的原材料，雖然這或是某些黑衣人賴以維持意志和麻痹最後一絲能令自己清醒的靈丹。島上更加不能張掛違法的旗幟和標語，如：「光復香港，時代革命」。警察應該經常巡查，一旦發現，應予制止。

或許有人會質疑，給本來就有港獨想法的人去一個荒島去做他們想「獨立」完成的事情，豈不是助長港獨嗎？首要的標準要看是否守法，而且必須審視的是行動，而不是想法。種菜養豬是中性的，有任何想法的人也可以做，只要不是名為養豬，暗中播毒就好。更何況，他們在暗中做的事情還少嗎？只要讓他們在合法的範圍內去實踐，總比他們在街上隨便挑一個餐廳去塗鴉，對某個銀行放火，對某個商店砸玻璃為好。年輕人有反叛心理，他們不撞南牆心不死，讓他們自己管理自己的生活，他們才會珍惜警察給他們維持秩序的珍貴。讓他們真心去搞黃色經濟圈，才會懂得無色經濟圈是唯一的正道。

有些人擔心，如果人人都以政治標準代替消費標準，社會就難以復合。這又是杞人憂天的想法，香港人有多少會將政治標準長期提高到首要考慮的地位，實在成疑，而真正有這樣想法的人，在目前的情勢下，要跟他們復合，也是異想天開的事情。

港獨分子目前有一些天真的想法，只要他們平心靜氣細想，就不會天真下去了，他們當中有些人要付諸行動，「由他去吧」，他們最終會落得粉身碎骨的下場。黃色經濟圈？只是讓他們小試的牛刀而已，最後收場也是一樣的。

「黃色經濟圈」的捨與得

雷鼎鳴

有好些媒體問我對所謂「黃色經濟圈」的看法，我基本上不作回答，原因是認為它頂多是一種經濟構想的反面教材，但它能起到的破壞也有限，不值得深究。現在寫出一點看法，以後便可不用花時間回應記者。

這構思的一個問題是扭曲了價格機制，削弱了價格引導資源配置的功能。在市場經濟中，商戶有時會願意付出更高的成本改善產品的質量，這會推高價格，但顧客仍可能願意購買，因為他們相信質量改進了。

加入「黃色經濟圈」的商戶若是要繳付費用（我們可稱之為保護費或廣告費都無妨，這不影響分析），那麼最終產品的價格是要上升的，但顧客可得到什麼？那些支持黑衣暴力的人或許覺得無所謂，反正他們真心支持黑衣暴徒，願意付錢，我們倒也可尊重其自由。不過，社會中反黑衣暴徒的人一樣眾多，他們若認為明目張膽自認黃店的，有可能把一部分利潤以交保護費的形式交給暴徒，他們會對這商戶產生厭惡感，不願光顧。

如此一來，交了保護費暴露出自己是黃店後，該商戶產品的需求要面對正面及負面壓力，可能負面的還大一點，因為黃店的消費者經濟實力只是一般，而且不少香港人也不喜捲入政治，成本上升了，銷路不增，此等商戶的利潤大有可能下降，甚至競爭力更不如前，早日倒閉。

上述說法是假設黃店要交保護費，會否根本絕無此事？黃色經濟圈只意味着黃絲喜歡光顧黃店，藍絲則光顧藍店？若只是如此，各人有各人偏好，我們也不用苛責。當然，此種連消費都用政治立場去搞得涇渭分明的做法，會更撕裂香港社會。香港已高度兩極化，世界很難再找到一個像香港這麼不團結的地方了，再加劇之不是好事。

不過，保護費有大概率會出現。就算黃店不主動交錢，黑衣暴徒也會逼他們交保護費，否則這些黃店憑什麼可交代它們自稱會支持黑衣暴徒的承諾？事實上，若無保護費，這個黃圈是否能稱之為圈也大成疑問，黃店總不能在門口掛張黃色符咒，什麼都不做便自稱是黃店吧？

但交了保護費後可得到什麼？上文已說過，這不見得能增加對黃店產品的需求，我們很難想像，正當的商戶肯賣某些顧客會喜歡、但另一些顧客會產生厭惡的廣告。所以交了保護費後，商戶得到的，是有種勢力願意「保護」它們，那些沒有交費的，則受到排斥。但黃店可得到什麼形式的保護？

黑衣暴徒曾有選擇性大規模地對一些他們不喜歡的商戶打砸搶。換言之，不交保護費便是圈外人，後果便是要面對黑衣暴徒的破壞，交了費得到的「保護」，只是不用被砸而已。黑衣暴徒會否停止打砸搶？他們愈是破壞圈外的商戶，愈有可能迫使這些店關門大吉，減少黃店要面對的競爭，他們又更振振有詞，要黃店增繳保護費。他們若毫無「作為」，黃店便不認為保護有價值，所以有了「黃色經濟圈」後，保護費會更泛濫。

此種行為還可能違反了競爭法，因不交保護費的會被打壓，這等同把黃店組織為「黃色經濟圈」的勢力，正在建設自己的寡頭壟斷力量。

警方不可能不執法去保護那些不肯加入黃圈而被暴徒肆意破壞的商戶。保護的方法是拘捕並檢控暴徒。檢控得愈多，暴徒坐牢機會愈增加，他們要求的保護費便必須提高，這成本會轉嫁到黃店身上，但不一定會轉嫁到黃色消費者，因為後者眼見黃店成本上升，價格增加，會離棄黃店，跑到非黃店去光顧。所以警察只要對專門打砸搶破壞商戶的暴徒大力打擊，便可使「黃色經濟圈」的成本大幅上升，潰不成軍。我看過黃店的一些名單，它們大多名不見經傳，我不認為它們有足夠的經濟實力頂得住政府打擊暴徒後所帶來的經濟壓力。

對暴徒忍氣吞聲的後果

潘麗瓊

聖誕夜，香港仍然籠罩在暴力的陰霾之中。當天凌晨二時許，一名十六歲少年為逃避警察追截，躲入餐廳企圖由天台跳落地面公園，不幸墮地受傷。十二月二十八日，一班黑衣人以「尋找真相」為由，要求附近小食店老闆交出天眼，老闆不從並和黑衣人爭執，小店即被暴力對待。

老闆無奈啞忍，拿起膠桶撿起牛雜、豬皮和魚蛋，但黑衣人不肯收手，把老闆當活靶，舉起膠櫈飛擲過去，不管熱騰騰的爐具和食物會否燙傷他們，甚或釀成火警。老闆最後只能縮在一角，眼看黑衣人兇殘毀壞小店，卻欲救無從，無語問蒼天。我有許多疑問：

第一，勸老闆「收檔」的「和理非」，為什麼不說公道話？當黑衣人刑毀小食店時，你為何不制止？

第二，現場如有義務急救員，為何不喝止黑衣人傷害性命？

第三，香港的港獨運動捍衛本土文化以及街坊小店，為什麼當有人不合心意，你就手起櫈落，毫不留情？究竟誰是雞蛋？誰是高牆？

第四，新當選的油尖旺區議員大哥，旺角一直是黑衣人肆虐的戰場，小店會繼續遭殃，你會捍衛他們的生存權利嗎？

第五，反修例運動的初心，不是維護香港人的性命、財產和自由嗎？為什麼我眼見的，都與這個初心背道而馳？如果你們仍然支持這場運動，請用文明說服我。

小食店老闆在平安夜努力工作，只為了生計吧，為何忍心去打碎他的飯碗？

小食店是你我的縮影，對暴力忍氣吞聲，卻不斷遭受欺淩，令我的心像鉛一樣沉重。

香港暴亂和台獨，將是美國今年的兩張牌

周八駿

二〇二〇年是中國「兩個一百年目標」的「第一個一百年目標」亦即全面建成小康社會的收官之年。「兩個一百年目標」最早是中共十五大報告提出來的。中共十六大報告重申這樣的宏偉目標時，又提出來關於中國重要戰略機遇期的判斷——「綜觀全局，二十一世紀頭二十年，對我國來説，是一個必須緊緊抓住並且可以大有作為的重要戰略機遇期」。中共十九大報告稱：「當前，國內外形勢正在發生深刻複雜變化，我國發展仍處於重要戰略機遇期，前景十分光明，挑戰也十分嚴峻。」

關於中國重要戰略機遇期的判斷，是基於全球經濟政治格局相對穩定，和平與發展是時代主題和潮流；尤其，中國不被其他大國視為主要對手，能夠在和平和發展的國際環境裏謀求自身發展。

二〇一七年底、二〇一八年初，美國調整其全球戰略，稱中國是其主要對手之一。二〇一八年三月，美國對中國發動貿易戰。即便如此，二〇一八年十二月十九日至二十一日舉行的中央經濟工作會議，在會後新華社發布的新聞公報中重申：「我國發展仍處於並將長期處於重要戰略機遇期。世界面臨百年未有之大變局，變局中危和機同生並存，這給中華民族偉大復興帶來重大機遇。」這是因為，

中國為自身和人類的和平與發展，仍努力與美國建立相互平等、合作共贏的關係。

然而，樹欲靜，風不止。二〇一九年美國全面遏制中國態勢加劇。美國在香港炮製「黑色革命」，其國會參眾兩院幾乎一致通過《香港人權與民主法案》，隨即特朗普總統簽字生效，表明美國欲把香港變成與中國展開「新冷戰」的「西柏林」。美國國會眾議院又幾乎一致通過《維吾爾人權政策法案》，美國高級官員公然挑撥中國人民與中國共產黨關係，反映美國對中國發動「新冷戰」的手法，與上世紀下半葉對前蘇聯發動「冷戰」如出一轍。

試問：踏入「第一個一百年目標」收官年的中國會被美國善待嗎？答案一個字：否。美國絕對不會讓中國政府和中國人民順利實現全面建成小康社會，否則，美國將更加難以遏制中國。

二〇二〇年美國將着重打兩張牌，一張是台獨牌，一張是香港「黑色革命」牌。

台灣大選，無論誰當選和哪個政黨執政，台獨勢力都將進一步抬頭。如果民進黨蔡英文連任，那麼，她將無爭取再任之後慮而孤注一擲，全力推進台獨。如果國民黨重新執政，那麼，民進黨必將以在野地位肆無忌憚地推動台獨。華盛頓為遏制中國，必定給台獨勢力及其活動以大力支持，加劇台灣海峽局勢緊張，給中央製造不得不考慮「武統」的壓力，從而干擾全面建成小康社會的最後努力。

對於華盛頓來說，相比較在新疆、西藏給中國製造麻煩，把香港搞亂較容易。二〇二〇年，外部勢力必定把香港「黑色革命」進一步搞大，企圖證明中國政府失去對香港的領導來給中國全面建成小康社會抹黑。也唯有進一步搞大「黑色革命」，美國在香港的政治代理，才可能奪取二〇二〇年九月香港特別行政區第七屆立法會選舉勝利。

在二〇一九年即將結束的時候，中央修訂關於中國重要戰略機遇期的判斷，表明中國政府清醒認識全球格局和中美關係演變。二〇一九年十二月二十六日，中國國防部發言人吳謙在回答記者關於如何看美國國防部長埃斯珀稱「中國已成為美國首要的軍事重點」時，明確表示：「中國堅持走和平發展道路，無意作任何國家的對手。中國從不欺負別人，別人也別想欺負中國。如果有人硬要把中國逼成對手，那麼中國一定會做一個合格的對手。」

香港必須盡快平息「黑色革命」，這是作為中國的一個特別行政區支持國家實現「第一個一百年目標」的應有之義。這當然是十分艱巨的任務，如同雙方爭奪一個制高點，不是我勝便是你敗，香港將為之付代價。已陷入衰退的經濟進一步惡化的機率大於復蘇，社會政治分裂也很可能進一步加劇。但我相信香港能浴火重生！

香港的悲哀：第四權已被暴力與謊言騎劫

於二〇一二年至二〇一三年在美國熱播的電視劇《新聞直播室》（The Newsroom），其中一集有這樣的情節：一名女性國會議員被槍擊危殆送院，各大新聞台爭相報道最新消息。在競爭激烈爭分奪秒的突發新聞報道中，能奪取先機首先發放最新資訊的，有助提升新聞台的收視率；落後於人的，收視率便下降。因而每一個新聞台都爭取獲得最新獨家資訊並且第一時間發放。

這一集的《新聞直播室》中，新聞主播在晚間新聞鏡頭前發放新聞資訊時，幕後的記者及新聞製作組忙碌地不斷收取最新消息。新聞台的老闆走進製作室，對新聞製作組的人說，外邊已有消息指被槍擊的國會議員已去世，為什麼我們的新聞台還不作報道。負責新聞製作的執行製作人說播出這樣重要的資訊必須先經證實，沒有官方證實的消息，也必須經過兩個不同獨立渠道證實才能報道。新聞台老闆說，其他三大電視台均已報道被槍擊的國會議員已不治，責斥在場製作組的人說還在等什麼。新聞台老闆更問另一位在場負責晨早資訊節目的新聞製作人，是否應該立即報道被槍擊國會議員已去世的消息。

這位被老闆點名提問的新聞製作人，回答新聞台的老闆時這樣說：「那是一個人，宣布她死亡的是醫生，不是新聞報道。」

在這個劇情虛構的電視劇裏，一個新聞製作人簡單一句話說明了新聞媒體從業員在處理新聞信息時分辨真偽和決定何時發放時應有的嚴謹。

如果用這個虛構的電視劇情節所表達對新聞媒體的嚴謹新聞專業要求，來看香港媒體處理暴亂新聞，可以看到，處處盡顯新聞媒體從業員、由前線記者到新聞編輯與製作，均遠遠達不到這專業要求。而且新聞報道的用詞與方式，鮮明地反映了相關新聞從業員持有的政治立場，因而導致新聞不但不專業，還毫不掩飾地把相關新聞從業員的政治立場滲透在新聞報道中。立場偏頗新聞報道往往只傳播單方不全面信息，變相成了單方政治勢力的政治宣傳。

香港新聞媒體不專業的表現

陳莊勤

以二〇一九年八月三十一日發生在太子港鐵站的黑衣人與警方的衝突為例，暴徒的文宣一口咬定太子港鐵站有示威者被警察打死。香港新聞媒體便恍如是事實般，依循暴徒宣傳口徑大幅報道暴徒以此為藉口的後續行動，對警方不斷否認有人在太子港鐵站死亡，只是無關痛癢的輕輕提及。更重要的是沒有一間新聞媒體承擔新聞媒體應有的求證責任，就所謂死人事件向相關醫療機構求證，尋求事實真相。八月三十一日後幾個月，暴徒再三以拜祭太子站死者為藉口聚眾鬧事，新聞媒體仍然不斷對基於沒有證實的消息而炒作的行動大幅報道，變相成了暴徒的宣傳機器。

二〇一九年十二月二十三日香港警方去信廣播處長，投訴《香港電台》在一則新聞報道中不負責任地以倒果為因的手法處理資訊，點名批評《香港電台》一則報道的用字與事實不符誤導聽眾，並指有關報道會加深大眾對警隊的誤會。

警方在信中指，《香港電台》在報道有關十二月二十二日愛丁堡廣場集會時所用的字眼與事實不符。信中引述《香港電台》報道指大會堂的五星紅旗被人擲在地上，其後數名防暴警察進入廣場，演變為警民衝突，《香港電台》的報道指「混亂期間，警察多次使用警棍、胡椒噴霧及舉起過手槍，有在場的人掟水樽等物品還擊，亦有人衝向警察」。

警方在投訴信中指出愛丁堡廣場集會期間，有人違法拆下旗杆上的五星紅旗並擲在地上，警方上前將之拾起免受破壞，惟此時有人襲擊警察，並企圖救走在現場襲警被捕的一名男子，現場一片混亂，警察使用最低武力控制場面。警方認為《香港電台》的新聞報道指在場人士「還擊」，會令聽眾誤會是警方主動使用武力。警方在投訴中強調「若沒有人犯法，沒有人使用暴力，警方絕對沒有必要使用武力」。批評《香港電台》的報道「會加深大眾對警隊的誤會，實非負責任的做法」。警方希望港台的報道能以事實為基礎，「此亦為一個負責任傳媒應有之義」。

警方對《香港電台》的批評實在是非常客氣。《香港電台》沒有報道前因：包括暴徒襲警和企圖搶犯，而只是把事件說成是無緣無故發生的「警民衝突」。事實上，香港新聞媒體以這種只播後段不提前因、倒果為因報道抹黑香港警隊的新聞處理手法並非第一次出現。在黑衣人暴動中，這種缺乏新聞專業的卑劣手法在很多香港新聞媒體中已屢見不鮮。

第四權被騎劫的例子俯拾皆是

原來用以監察政府的第四權，已被暴力與謊言騎劫，成為為街頭暴力搖旗吶喊攻擊政府的重要力量。更為可怕的是，眾多的香港媒體以這種為街頭暴力搖旗吶喊的語言文字，引導與塑造了很多人的思維。

明顯的例子是，每次群眾集會或集會終結後聚眾掘磚、拆圍欄、向警察掟磚、掟圍欄、掟汽油彈、用鐵通攻擊警察的行為，毫無疑問是暴動，實施這些暴力行為的毫無疑問是暴徒。但眾多的香港新聞媒體，卻把這些人說成是「示威者」和「市民」，把這些暴力行為稱之為「抗爭」。把違法的行為正當化，把暴力美化。很多很多香港年輕人的思維與對暴徒的印象，便是這樣日復一日地被新聞媒體通過這種玩弄文字與語言把戲扭曲了的新聞事實所塑造。

人們所使用的語言文字影響人們的思想。十九世紀德國存在主義哲學家尼采說：「若我們不再想在語言文字的約束下思考時，我們不再思考。」尼采認為語文是思想的基礎，並且決定及影響了思維的觀點，啟發了後來語言與心理學家提出人類使用的語言決定了思維模式或者兩者互為影響的「語言決定論」和「語言相對論」。

研究「語言決定論」和「語言相對論」的學者認同認知謬誤裏的「框架效應」，語言與心理學家通過不同的實驗已證明語言中的用詞若不一樣，那即使所說的是同一事實，在不同的語言用詞框架下，人們會依不同的用詞框架被引導朝不同的方向去思考。

引導性報道歪曲事實

《香港電台》報道聖誕前夕夜黑衣暴徒四出搞事破壞時，雖然有引述特首林鄭月娥女士的官方發言指摘暴徒的暴力行徑，但《香港電台》重點詳細報道的是警察在一個商場制服搞事暴徒，以及過程中警察驅趕一名自稱是《香港電台》休班記者並指斥這名自稱為記者的人為「黑記」，而遭在場的「市民」指摘。

《香港電台》在報道中突出報道在場「市民」指摘警察。電台統稱在第一現場除了被捕者外其他的所有人、包括了參與暴力行為的黑衣人都是「市民」，明顯是引導性的報道。事實上，無數的電視新聞畫面都可以看見，出現在暴動第一現場的除了暴徒外，絕少普通市民，最多的便是穿著印有「記者Press」字眼背心的記者。

以聖誕前夕警察在商場抓捕暴徒為例，香港媒體使用的手法便是通過新聞用詞為某種負面行為給予正面的評價，如把肆意破壞公共設施與私人財產的暴徒稱為「示威者」，把不論是否參與現場暴動的暴徒或旁觀記者均一起稱為指罵警察的「市民」，配合把在現場的暴徒與在現場路過的市民統稱為「在場」的「市民」，意圖以此淡化甚而抹去暴徒肆意破壞公共設施及私人財產是嚴重犯罪行為的事實。

又以在二〇一九年十二月二十二日在愛丁堡廣場發生的「警民衝突」為例，《香港電台》把攻擊警察意圖劫走被警察拘捕的疑犯的暴徒描述為「在場的人」，引導聽眾向警察首先「多次使用警棍、胡椒噴霧及舉起過手槍」攻擊「在場的人」、引來「在場的人掟水樽等物品還擊」這方向去思考事件，完全抹掉的是所謂「在場的人」中、有人首先攻擊警察意圖劫犯才是《香港電台》報道無緣無故發生的「警民衝突」事件的起因的事實。

這是明顯有目的的引導性報道。這種高度傾向性資訊傳播在反修例事件引發暴亂後，便不斷地出現在香港很多媒體的新聞報道中，同時也不斷出現在不同的電台及電視台的節目中。這種經過編輯以片面與扭曲事實的方式報道新聞與傳播資訊，不是新聞報道，而是美化暴力的宣傳片，實在與謊言無異。

在享有新聞與言論自由的社會，傳媒掌握監察政府、揭露濫權和不公義的第四權，是行政、立法、司法三權之外的重要政治權力。第四權也包含傳媒負有客觀報道全面事實、讓公眾認知事實真相的基本責任。很遺憾的是在香港，反修例引發暴力動亂發展至今，市民看到的是第四權已被暴力與謊言騎劫，喪失中立，成為為反對政府與警隊的政治勢力搖旗吶喊、有目的地攻擊政府與警隊的私器；香港的悲哀是很多的香港新聞媒體已完全放棄了客觀報道事實、讓公眾認知事實真相的責任，個別甚而淪落為反政府勢力的文字打手，玩弄文字扭曲事實、顛倒是非蒙騙廣大香港市民。

第五章

暴力瘟疫後漸露曙光

黑衣動亂所釀的情緒在香港社會並未散去，自新冠肺炎疫情爆發後，有人借助黑衣動亂使香港人不信任政府、不配合政府抗疫措施，把肺炎抗疫與政治抗爭掛鈎，使香港在抗疫路上舉步維艱。

二〇二〇年二月三日，香港醫護工會「醫管局員工陣線」發起首階段罷工，要求政府全面封關，參與者皆是非緊急服務崗位的員工，部分緊急部門有五成人脫勤。當晚，工會與醫管局談判破裂，隨即宣布展開第二階段罷工行動，多間公立醫院只能提供有限度緊急服務。這不免讓人和二〇〇三年香港爆發 SARS 時，香港社會團結一心抗疫聯繫起來，思考這十七年間香港的改變。

香港醫護人員罷工是一個政治決定

阮紀宏

新型肺炎肆虐神州大地，截至二〇二〇年二月五日早上六時五十分，全國感染人數逾兩萬三千例，奪去四百九十一人的性命，香港有十八宗確診個案，一例死亡。

香港如何防疫，是否應該封關，成為全城熱議，特區政府應該聽從傳染病學專家的意見，相信這些專家是純粹從醫學角度給出專業意見。而醫護界一些人，卻在這個時候發動罷工，其中一個訴求是封關，並非從傳染病學的角度考慮，那就只能被視為政治決定，目的是打擊特區政府。

新型肺炎之所以是「新」，是醫學界對病毒本身、傳播手段以及醫治方法，都沒有確切的認識，而且在認識上，也有一個過程。武漢市的應對手段，明顯是出了問題，而中央政府同意封城以至「封省」這個史無前例的行動，目的是為了防止疫情進一步擴散。至於香港是否應該封關，首先要確定的是，必須以科學的態度，以考慮是否對防疫有利，這是傳染病學專家的職責，他們自然會根據感染個案的數量、傳播的方式、死亡率等等因素，給出專業的意見。

任何決定都有利弊，封關也如是。政府的職責是參考專家的意見，衡量封關是否唯一的方法，是否需要進一步觀察疫情的發展態勢，是利大於弊還是弊大於利，如果是利大於弊，弊端如何克服等等，該封關就封關，相信中央政府與全體國民也會理解，沒有什麼政治因素會比人民的健康福祉重要。

在討論香港是否需要封關的問題上，大部分人都認為，不能涉及政治因素，真的是這樣嗎？發起罷工的醫護人員，他們真的沒有政治考量嗎？

罷工醫護的政治考量

首先，發起罷工的醫護人員，認為不封關等於將負責救治的醫護人員「送死」。這個當然不是政治問題，內地各省區市，都要抽調醫護人員支援湖北，香港在一國兩制的庇蔭下，毋須盡這個政治責任與義務。只要他們以專業精神，服務好香港社會就足夠了。

香港醫學會的使命是「維護民康」，醫生的誓章中，醫生不能讓個人的利益或者不公義的歧視影響其個人判斷，現在他們說，醫護人員因為不封關而導致他們的安危不能受到足夠的保護，這是違反任何醫護人員的專業道德責任，在社會需要他們救死扶傷的時候，他們當逃兵，是失德失責。

香港的醫護人員很艱難，這是不爭的事實，公立醫院本來就缺乏醫生，冬天是流感季節，醫院的壓力本來就很大，現在還加上突如其來的新型肺炎疫情，無論工作量與風險都加大，這也是值得同情的。

正如其他香港深層次矛盾一樣，是需要特區政府帶領改革，才可以解決的結構性問題。如何解決、以什麼方式解決，醫護人員都有充分的渠道去反映問題和提出改善方法，但絕對不是在「中華民族到了最危險的時候」，以罷工作為要脅，去解決問題的。況且，香港在疫情問題上，是否真的到了最危險的時候，也是由傳染病學專家去判斷，而不是由前線醫護人員來決定的，更加不是由負責後勤等職務的非專業醫護人員來決定的。

要求全面封關，由非前線醫護人員及部分前線醫護人員提出，不禁令人懷疑，他們的真正目的是出於政治考慮。他們並不去討論感染病例的多寡、感染的渠道，以及疫情的嚴重程度，而是要求特首林鄭月娥跟他們談判，可以想像，即使特首出席談判，只會招來一頓謾罵，以及一輪接一輪的政治口號喧嘩，所謂談判的過程，是特首可能「聲淚俱下」去求他們不要罷工，即使林鄭月娥對他們動之以情，也會被認為是「惺惺作態」，談判結果是完全可以預料的，發動罷工的醫護人員，真正目的是要將官員羞辱一番，以達到破壞市民對政府信心的意圖。

醫護人員在社會最需要他們克盡己責的時候選擇罷工，缺乏專業承擔，喪失了道德高地，受到社會譴責是理所當然的。作為受過嚴格訓練、需要宣誓履行專業責任的醫護人員，在危難面前不是迎難而上，而是選擇以罷工作為逃避，為其他專業人員做出了非常差的示範，雖然我們不會認為警察、消防和救護員等紀律部隊人員也會當逃兵，但如果對這些醫護人員採取容忍和姑息的態度，所造成的影響是社會公義的定義被歪曲了，整個社會正邪不分，顛倒黑白，這才是香港社會需要承擔的長遠影響。

然而，在香港亂局持續了七個多月的情況下，要讓這些鐵了心使香港繼續亂下去的人回心轉意，用一丁點兒的理性去考慮問題，也是徒勞。香港一些私家醫生已經請纓，填補罷工的空缺，雖然自願的人數杯水車薪，不能解決問題，但起碼體現出香港還是有一批人，對專業有所承擔，對社會有所擔當，這對眾志成城抗疫，是一股振奮人心的力量。而並非醫護專業的市民，只能給罷工的醫護人員當頭棒喝，為匡扶正義發聲。

沒有醫護照料的新生兒

潘麗瓊

二十一年前，我抱着不足兩磅的長女，在新生嬰兒深切治療部裏。她的手臂比我手指還幼小，像一隻可憐的小貓，全身像針包插着或綁滿各類電子儀器，天天與鬼神拔河。

女兒一出世便因黃膽超標，需戴眼罩全身照燈。然後試過感染黃金葡萄球菌，需要隔離。任何微小的病菌，都足以殺死她。在住院兩個多月裏，每天生死攸關。感謝醫護的悉心照護，女兒終於逃出鬼門關。

新生嬰兒深切治療部是慘烈戰場，我見過一個胖胖的男嬰，因出生時缺氧，全身泛紫，醫護爭分奪秒地搶救他，縱然最後男嬰因多種器官衰竭而救不到，但醫護人員視弱猶親，絕不放棄，令我在旁看得淚流滿面。

然而，二十一年後的今天，為何道德淪喪？為何有醫護變樣？竟有人挾持危在旦夕的嬰兒作籌碼，和政府討價還價？有新生嬰兒的深切治療部，只有一個護士當值，負責二十多個危嬰，服務幾乎崩潰！嬰兒沒有選擇的自由，癌症病人、需要通波仔的人、急症室需要救治的病人，都沒有選擇不病倒的自由，但你有啊！在最需要你的時候，你竟然棄病人於不顧。究竟你是否把病人的性命放在第一位？

最令人氣憤的是，有人把堅守崗位及見義幫忙的私家醫護大起底，非我即敵，散播白色恐怖，行為卑鄙。你說，封關是為救港，是為了人命，但此刻，就有成千上萬，在生死邊緣的病人需要你去救援，你為何可以視而不見？竟還自稱有崇高的理想，荒謬之極。

香港暴亂後遺症：把抗疫與抗爭掛鉤

楊志剛

面對大規模傳染病爆發，最重要的抗疫必需品不是疫苗口罩和醫院牀位，而是公眾對政府的信任合作，以及上下一心團結抗疫。但黑衣政治動亂，使香港人不信任政府、不配合政府抗疫措施，更把肺炎抗疫與政治抗爭掛鈎，使香港在抗疫路上舉步維艱。

抗疫爆發至今，香港最需要的是鬥志高昂，團結一致，利用香港信息自由、醫療先進、公務員高效和市民教育水平高的優勢，打一場勝利的抗疫仗，成為全球抗疫的典範。更理想的，是透過抗疫的和衷合作，使黃營藍營和政府重拾互相尊重，重新認識「香港只有香港營」，把疫情爆發轉化為政治團結的契機。但事實卻是剛剛相反，港人的團結和人心卻已是滿目瘡痍。

港府抗疫措施頻遇阻力

世界衛生組織於多宗大型國際傳染病和二〇〇三年SARS爆發後總結了大量經驗和研究之後，確定了高效的信息傳播是成功抗疫的核心策略工具，這不單是為了滿足理論化的公眾知情權，而是成功調動一切資源和動員全民配合抗疫的必須條件。而抗疫傳播的首要基礎，是公眾對政府的信任。

新冠肺炎初期，已有網民發動「和你咳」行動，呼籲抗爭者前往酒樓食肆商店街頭等到處舉行咳嗽大行動，以作為抗爭手段。他們打響了抗疫抗爭一體化的第一炮。然後是一群醫護人員要求政府封關，否則罷工。罷工限期未到，有抗爭者在明愛醫院放置土製炸彈，並表示可能會把行動升級。

既然把抗疫和政治抗爭掛鈎，特區政府當然難逃被批鬥的命運。翻開主流媒體，盡是對政府不留情面的謾罵：「港府被斥把關散漫衰過沙士」、「政府失信釀災難」、「抗炎大開門戶　市民死活不顧」、「廢官避事令人扯火」、「醫護擬下月初分兩階段罷工」。政府在四方八面都被罵得六神無主。

醫管局質素及安全總監鍾健禮在記者會表示：符合呈報機制的非本港居民患者，按政策可獲豁免醫療費用。他解釋，相關病人求診對患者自身有益外，對港人亦有重要利益，因此舉有助防止社會傳播。他的解說合乎情理、有科學根據，亦按現行政策，但卻換來「冇眼睇」的謾罵，認為他的說法會導致中國各省市病者「湧來香港」，最終政府要改為向這類病人收費。

政府需重拾港人信任

香港地小人多，醫院擠迫，為了應付疫情需要而尋求適當地點作必要時隔離用途，此舉亦合乎科學。但在抗疫專業團隊動輒得咎的情況下，政府原本擬定將粉嶺尚未入伙公屋改裝作隔離用途，卻因為附近居民縱火堵路和破壞，令政府放棄該計劃。這正應驗了世衛組織的結論：公眾的信任，是有效防疫的基礎。抗疫只是剛剛開始，政府必須重拾港人信任。

港人的信心不會自動歸來。重拾港人信任，責任在特區政府。重建信任毋須求任何創新舉措，唯靠行之有效卻沒有貫徹落實的方法。疫情爆發時公眾對政府的信任，取決於三大關鍵：公眾對政府「動機」的感知、公眾對政府「誠意」的感知和公眾對政府「能力」的感知。這三方面說的是感知，涉及的不單是客觀上的認知，更重要的是主觀的感覺。特首林鄭月娥從來是擅長於解決認知爭議，短板於解決感知議題。這方面的短板，她必須檢討。

港人對政府抗疫的目標當然不會懷疑。但對個別政策舉措背後的動機可能會有不同解讀。例如政府對全面「封關」的猶豫，可能令部分港人覺得是出於內地與香港關係的政治考量，而非純粹基於科學和醫學的考慮。

內地史無前例的封城封省，主要是力守孤城以防疫情向外擴散，是負責任的利他表現；香港如果封關則是預防病疫流入的利己行為，內地與香港的關係，自然應該有所顧及，否則是失職，但同時對港人亦影響深遠。政府在此議題和其他涉及與內地關係的議題，必須作出清楚而強而有力的解說，為何在顧及所有因素後，政府的決策是最有利於香港。如果公眾對政府的動機亦有所懷疑，豈能奢望他們配合政府的舉措？

疫情中罷工的背後，是道德水平持續退化

雷鼎鳴

在社會大變前，我們往往會看到不少異常行為及極端意識形態的湧現。香港大半年之內先受黑衣暴亂的摧殘，再出現疫情恐慌，有了這些預警，我們便不能不思考如何能引導香港重回正軌，不使它滑向萬丈深淵。

在感染率及殺傷力上，新冠病毒疫症對生命的直接威脅其實仍遠遠及不上SARS。二〇〇三年SARS在港的患者高達一千七百五十五人，二百九十九人病逝，死亡率百分之十七；在本文執筆時（二〇二〇年二月初），只有一人因新冠病毒死亡。不過，香港仍未從黑暴衝擊中恢復過來，社會早已分裂，應對疫情能力大打折扣，肺炎的政治後患恐甚為嚴重。

災劫有大浪淘沙的功能，可幫助我們看清世情，分辨出誰人正直善良，誰人心懷叵測，誰人勇敢堅定，誰人軟弱怯懦，誰人容易受騙，誰人特立獨行。部分醫護人員的罷工鬧劇雖已結束，但光是這一事件，已能使我們對港情看得更透。

醫護界是香港社會的縮影，罷工也使我們分辨出三大類人。

第一類人對世界充滿焦慮，香港受新冠病毒感染的人雖少，但某些醫護界中人已失去冷靜，自己先恐慌起來。他們雖然忘了救傷扶危的本分，但良心未泯，雖受到煽惑參與罷工，但其後眼見同事被迫分擔他們的工作，又受到輿論譴責，在罷工五日後投票反對繼續再罷。

這些人若迷途知返，我們不用苛責，但是非總要搞清楚，要讓他們明白自己如何受騙。香港醫療界為了保護自己利益，限制外人來港執業，公立醫院人手不足已成常態，但這是他們自找的麻煩，香港政府對此倒是應做做手術，對醫療界大刀闊斧改革，打破業界製造的壟斷力量，否則年輕的一輩每天都備受工作壓力，很難不焦慮，容易受人煽惑。

第二類人是今次罷工的發起者及支持者，當中的領頭羊甚至與醫護界扯不上關係，是否有人涉及公職人員行為失當罪而面臨被起訴，則留待政府決定。這些人希望罷工能持續下去，愈久愈好，對公共利益，他們並不真正放在心上。

這些堅決支持罷工的醫護人員，與黑衣暴徒有幾樣相同的特徵。第一，他們不管自己做出過什麼違背道德良知之事，明明深陷道德低谷，也總喜歡替自己戴上光環。黑衣人破壞市民的生活，到處扔汽油彈，後來甚至自製炸彈，又用磚頭砸死路過長者，對與己意見不合的人則縱火焚燒，在網上對異見者起底，欺凌他們的家人，竟還有臉自稱「義士」。

醫護界的罷工者將行內視為神聖不可侵犯的希波克拉底誓言（Hippocrates Oath）拋諸腦後，見到傷患者不肯救治，對不同政見來自不同地域的人充滿歧視，他們嚴格來說已違反行內之律法，應該除牌吊銷執照。

他們其實忘記了一點，在他們求學受訓過程中，社會對他們每人賦予了數以百萬計的補貼，學成後薪金又遠高於大多數行業，受了好處但又要自己當逃兵及煽惑他人也當逃兵，這等於撕毀了社會與他們訂定的契約，不再可靠，公營機構不應再錄用他們。他們置病人於不顧後卻竟還毫不臉紅的自戴光環，說罷工是為了守護公眾利益，這如何不使人對他們的道德標準訝異。

第二，黑衣人自我中心至極，無辜者受其傷害，他們毫不放在心上，「攬炒」一詞已道盡他們的心態。核心的醫護罷工者思想一脈相承，明知人手不足會累及同事要辛勞工作及病人得不到照顧，隨時生命受到威脅，但他們對此卻無動於衷。把無辜的病人當作人質，無論其目的如何，都是難以說得過去的。中學時老師教導，「目的不能使所用手段變為合理」(The end does not justify the means)，至今我仍未敢忘。

第三，世上有些人表面勇悍，實則怯懦怕死。黑衣人自以為替天行道又說尊重法治，但一直戴着面罩不敢以真面目示人，正是怕要為自己所做的事負上刑責。罷工的醫護人員又如何？中國內地數千名醫護人員自願奔赴武漢，工作繁重，他們面對的危險比在香港的大得多，但香港有些人卻在社會最需要他們的時候貪生怕死當逃兵，這如何對得住 SARS 中的抗疫戰士？要知道，有些行業在道德甚至法律層面上是沒有罷工權利的，軍隊、警察、消防、醫護人員都如是。

醫護界的第三類人是堅決反對罷工者，我的朋友與同學中，當醫生的不計其數，至今尚未有人告訴我他參與了罷工，我反而聽過他們表示絕不會罷工。不參與罷工的人政治立場不見得相同，對政府政策不一定認同，有些是當年 SARS 抗疫中的志願者及領軍人物，深明病毒的危險性，但他們有強大的責任感與道德勇氣，不會退縮。

我不會稱這些人為英雄，他們只是忠於醫護的誓言，盡了本分，但即使如此，他們的品行仍是高貴的，完全值得社會的尊敬。這些人存在的重要功能之一，正好是要突顯出另一群人的迷失。

香港政府要做什麼？李光耀一九七〇年警告罷工者的發言震撼人心，至今仍在網上瘋傳，香港便是缺一位像他般敢作敢為的領袖。按照李的邏輯，今次發動醫護罷工的領頭羊需要除牌，永不錄用，這些人誓言都可違，不值得信任。對那些緊守崗位的人，醫管局有責任獎勵表揚他們。這適用於其他公務員，疑人不用，用人不疑。獎罰若不分明，港人的道德水平會持續退化，這顆東方之珠，亡無日矣！

瘟疫讓「港獨」發現：我是逃不掉的中國人

屈穎妍

這是一條沒有標準答案的開放式命題：一場瘟疫，讓你發現什麼？

有人說，一場瘟疫，讓香港人露了底，原來這個文明城市背後，有這麼多野蠻人。又有人說，一場瘟疫讓我們看到人性陰暗面，香港人自私、貪婪、愚蠢的個性盡現……

然而，我認為這次瘟疫的最大發現，也是給香港黃絲最重的棒喝，就是：一、你是個逃不掉的中國人；二、港獨是一條死路。

一班朋友本來訂好了機票酒店到法國遊酒莊，旅程因為疫情取消了。我當時奇怪，法國沒事吖，為什麼不去了？朋友說：不是我們不想去，是人家不歡迎我們，本來訂好參觀的幾個酒莊都來訊息說：不會招待中國人，有些法國餐廳也講明不歡迎中國人了，那我們去幹嘛？

朋友這團人的成員全是生於香港的中國人，大部分甚至拿着加拿大護照或者BNO，但到了異國，人家只會以貌取人，一個中國人外貌，管你能說十國語言拿幾國護照，管你有沒有去過武漢或者根本未踏足內地，在外國人眼中你就是一個新冠肺炎大毒菌，你就會因為「中國人」三個字被拒諸門外。

一場瘟疫讓我們發現，無論你入籍哪國、無論你能說多流利的英語、無論你多痛恨自己的基因，在別國人面前，在病毒面前，你就逃不掉被列為中國人，沒有例外。

看看停靠在日本橫濱港被拒入境的遊輪「鑽石公主號」就是最佳說明，皇家加勒比遊輪公司公開表示：「持有中國、香港或澳門護照的任何旅客，無論居住何地，都將無法登上我們任何的遊輪。」菲律賓、越南、科威特、孟加拉等國已禁止來自中國大陸、香港、澳門及台灣的旅客入境，意大利也暫停往來意大利和中國的航班，包括香港、澳門及台灣。

瘟疫面前，大家只認人種，不認立場，假使港獨頭領梁天琦今天出獄，要申請政治庇護到美國去，我相信，只要大家發現原來梁天琦是生於武漢，擔保西方各國會對這個政治犯耍手擰頭。

至於瘟疫帶來的第二個感悟：港獨死路一條，更是明顯不過了。

一句「內地廁紙工廠即將停產」的謠言，已把香港人嚇得屁滾尿流，掀起一陣搶廁紙搶米搶物資「瘋」潮。瘟疫來了，我們連一個口罩都自給自足不了，都要國家給香港輸出一千七百萬個口罩解燃眉急，獨什麼立？

之前威風八面說香港可以不用東江水、自己搞海水淡化的港獨哪裏去了？你們不是說要光復到小漁村年代自耕自種自己食嗎？誰知今日一坨屎，一個病就把你們難倒了，連廁紙口罩都要伸手靠國家援助的人，還有什麼資格說獨立？

從防控疫情看港澳實行「一國兩制」的差異

周八駿

香港社會普遍關注香港與澳門兩個特區在防控新冠肺炎疫情上的不同表現，坦率地說，絕大多數媒體的意見是表揚澳門批評香港。

誠然，就面積和人口而言，兩個特區差距頗顯著，因此，不能簡單地比較兩地政府的每項防疫政策措施，但在下列三方面是可以也必須對比的。

第一方面，是特區與內地和中央的關係。

在是否對內地「封關」以防止內地輸入新冠肺炎上，澳門特區政府以澳門居民的生命安全和身體健康為重，也顧及澳門與內地交流，至今（二〇二〇年二月底）堅持不封與內地的口岸。但是，香港特區政府採取接近於對內地「全面封關」的政策。

相比較，澳門只有三十多平方公里面積和約六十三萬人口，每年來自內地的遊客卻多達逾兩千五百萬人次。香港有一千一百多平方公里面積和七百五十萬居民，每年來自內地的遊客逾五千萬人次。不難理解，如果只從內地輸入新冠肺炎風險來考慮，澳門比香港更有理由對內地「封關」。澳門政府卻寧願暫停對當地經濟至為重要的賭業，也不願切割與內地聯繫。

澳門行政長官賀一誠公開表示，眼下，澳門如果請求中央支援口罩等抗疫物資，不是太好。因為，內地抗疫也需要口罩等物資。然而，在香港，身居高位的有些人，一邊視內地如同「疫區」而要求對內地「全面封關」，一邊卻向中央伸手，要求把內地同樣短缺的口罩等物資節省下來支援香港。

澳門特區政府主動把澳門防控疫情視為全國防控疫情阻擊戰一部分，具有大局觀。在香港，有些人口口聲聲稱世衛如何要求。在「封關」涉及其他行政單元時，事先不與對方商量，決定了也不提前通知對方。這樣的做法，是同世衛要求相悖的。

世衛總幹事譚德塞二月四日曾指出：「戰勝疫情的唯一途徑是所有國家合作團結，而這首先應是集體參與和全球監督。對團結的承諾始於分享資訊。團結，團結，團結……」譚德塞並呼籲：「所有國家不要實施不符《國際衛生條例》的限制。這種限制只會增加恐懼和污名化，對公共衛生無益。」香港和澳門對疫情所暴露的恐懼，不能說是同兩個特區政府在處理本地與內地關係上的差距是不相干的。

第二方面，是兩個特區防控疫情的效果。

澳門行政長官果斷地暫停澳門賭業，同時，澳門政府在世界市場上採購兩千萬隻口罩供應澳門居民。香港政府承認在世界市場上採購口罩「不理想」，只能由香港的若干團體和企業自發向香港少數居民派或賣口罩，數量之少，可謂「杯水車薪」。

鑑於疫情襲擊使經濟下行，二月三日澳門銀行公會宣布，容許銀行基於自身的風險承受能力，向受疫情影響的本地個人和公司按揭貸款客戶提供「還息不還本」，為期最長六個月。在香港，同樣的措施是由中銀（香港）於二月六日率先宣布，其他一些銀行仿效。

兩個特區都實行資本主義制度，都是自由港，在平時，政府都尊重自由市場。問題是，新冠肺炎疫情是特殊情況，必須特別對待，澳門政府做到了這一點，香港政府卻故步自封，不識變通。

第三方面，是兩個特區社會精英判斷疫情的態度。

很多外國專家都不認為「全面封關」是防止疫情擴散的靈丹妙方。美國專家沃斯諾普指出，限制出入境以防疫，雖然一般人認為行得通，但從公共衛生角度看，這類限制效果有限，而且不利於國際合作防疫。澳門社會精英顯然贊同這樣的觀點。在香港，作為行政長官防控疫情顧問的多位傳染病專家，卻主張嚴格限制內地居民進入香港。人們不能不懷疑在作如斯判斷和建議時是否攙雜了個人的政治觀點？

兩個特區在防控疫情上的差異或差距，歸根到底反映兩地貫徹一國兩制的差異或差距。國家主席習近平在慶祝澳門回歸祖國二十周年大會暨澳門特別行政區第五屆政府就職典禮上的講話中指出：「澳門的成功實踐告訴我們，只要對『一國兩制』堅信而篤行，『一國兩制』的生命力和優越性就會充分顯現出來。」澳門如一面明鏡，照出香港要改進的方向。

亂港派政治偽裝下的野心——「投美」和「獨立」

陳文鴻

黑色暴亂和新冠肺炎肆虐，從外與內兩個方向打破了回歸以來香港的安穩局面。迫使香港社會面對一個早已忽視的大問題：香港往何處去？

亂港派將暴亂稱之為「時代革命」，實為港獨、本土分子企圖奪取香港特區管治權的叛變，他們欲切斷融入國家發展大局、與內地連接這條香港的生命線，但切斷之後香港不可能歸英歸美，「獨立」更是沒有人相信的選項。

而且香港是中國不可分割的一部分，中央會容許香港獨立嗎？因此，亂港派把香港的前途寄託在內地的崩潰，只要內地政治經濟陷入一片混亂，香港便能回到清末般，英國可趁亂再管治香港一次，甚至聯同西方國家再次逼迫中央政府簽署「新不平等條約」，最終的目是分而治之，進而如十八世紀英國在印度建立印度帝國般佔領中國云云。

或許二十一世紀的英國已非當年的大英帝國，但美國正繼承了英國的帝國主義擴張路線，策略也相近。問題是，當香港變成美國殖民地或屬邦，美國會真的恩賜民主普選，抑或是在駐軍和條約的威逼下，如日本式的民主形式，實質是一黨專政、買辦金權政治？

如果不能使香港歸美，香港也不可能歸英，英國早已沒能力佔據香港使其成為自己的「殖民地」，也不會與中國對抗。依這些港獨和本土分子的設想，他們便是作為美國等外力顛覆中共政權的打手、馬前卒。能否成功端賴美國能否打垮中國政權，但美國有這樣的能力嗎？

香港變成主戰場，怎樣可以有建設、有發展，香港居民怎樣可以安穩生活？香港憑什麼一方面助美國對抗中國，另一方面還可獲內地的各方面如食水、食品等的供應、支持呢？

或許他們期望的是暫時不歸美或「獨立」，只是爭更大的政治控制權來推行這一目標。而在這個策略之下，亦實行各種政治偽裝，希望可欺騙反對歸美或「獨立」的香港人支持，也可瞞騙中央政府，讓他們可逐步「革命」奪權。這是他們的癡心妄想，中央政府和大多數香港市民會輕易受騙，也不懂得怎樣去反對他們的陰謀目標嗎？

香港往何處去？這樣大的問題要認真深入地研究討論，不能含糊地瞞騙民眾。歸美或「獨立」都涉及把現有主權、制度從根本改變，此所以他們提「光復」和「革命」。這樣的革命性改變以修例風波為例是煽動群眾使用暴力，攻擊現有制度和特區政府，即使他們為了選舉暫時收起暴力，但選舉後仍會再次暴露出來。

改變現有制度的方法便是暴力與奪權，這顯然不是中央政府和絕大多數香港市民所容許、容忍。港獨和本土分子憑什麼道理、能力否定香港是中國不可分割的一部分？美國若公然侵略，他們投靠，便是漢奸、叛國賊，凡中國人均可視他們為敵。

香港往何處去，把問題說清楚、說透，不能容許掩飾瞞騙。先把不可能的排除去，香港才可以腳踏實地替這個問題找出答案。

港澳辦新主任應盡早來香港

劉瀾昌

二月十二日中共中央政治局會議後，現任全國政協副主席夏寶龍被任命為國務院港澳事務辦公室主任。不過，在夏寶龍和駱惠寧眼裏，當下時間何止是金錢，當是一國兩制的命運。九月立法會選戰將近，時間緊迫，形勢惡劣，且立法會選戰不比區議會，許勝不許敗……

啟用「老將」的意義

筆者相信，以「超齡」老將駱惠寧替換掉原香港中聯辦主任王志民之後，再以年過六十七歲的夏寶龍出掌港澳辦，說明「破格」使用老將不是偶然的。其意義可能超越中共涉港系統用人，或是中共人事任期改革試點的開始。

習近平在去年四中全會曾提到人事的有序退出問題，但是具體內容沒有披露。目前，北京學術界已經有聲音提出「退休延後」的問題，理由是國際上的工作年齡都在延長，西方發達國家七十、八十歲的人依然在重要崗位工作的比比皆是。特朗普七十有四，可能最終與之對決的民主黨候選人桑德斯比他還要大四歲。

如果夏寶龍和駱惠寧「超齡掌港」，真的就是打破舊有任期年齡限制的試點，那麼他們香港工作做得好，就不但功在一國兩制，而且也功在「中共二十大」。屆時，中共高官任期年齡都會提高。

由於港澳辦與中共中央港澳工作協調小組辦公室是兩塊牌子一個機構，即同時兼任了中央港澳工作協調小組辦公室的職能。張曉明免去的原港澳辦主任職務，改任港澳辦分管日常工作的副主任，仍為正部長級；香港中聯辦主任駱惠寧、澳門中聯辦傅自應兼任港澳辦副主任。

這一架構的調整，實際是港澳辦升格，並明確及理順了港澳辦與中聯辦的上下級關係。接下來令人關心的是，夏寶龍在中央港澳工作協調小組的地位問題。該小組組長現是韓正，那麼夏寶龍至少是第一副組長。從夏寶龍原任的繁瑣的秘書長職務看，他還是年富力強，能做實事的。

時間緊迫，形勢惡劣

半年時間，眨眼就過。偏偏屋漏又兼連夜雨，要打立法會選戰了，卻又遇到疫情封關，既不能到港也不能南下深圳，難道又要靠「看簡報治港」？從夏寶龍的經歷看，不能說他不懂香港，但相信對香港「這本書」還處於翻翻階段，尚不能咀嚼。也許，他和韓正同在長三角，還是熟的，也可以趁這段時間請益。當然，與張曉明已開過無數次會。而且，也可以用現代通訊工具與駱惠寧、林鄭月娥交流。不過，夏主任還是要盡早南下，與建制派人士，與香港還想「有啖好飯吃」的人士見面。

筆者相信，夏寶龍現在北京，尚知道港獨及其他反對勢力之囂張，黎智英被拿下表明了特區政府依法止暴制亂的決心，但是依然有黑手繼續煽動暴徒暴亂，阻街、堵路、焚燒地鐵站，還不收手。但是，他未必深入了解香港基層市民到底為何心存不滿，也未必了解號召香港青年到大灣區就業為何碰壁，也可能難以精準把握到建制派為何也是一盤散沙。

九月選戰形勢惡劣，反對派有可能奪取超過一半的席位，大家都看到香港政治格局的基本面還是六四比，黃大於藍；美台依然大打香港牌，插手選舉；去年區議會大敗，建制派士氣低迷，自由黨黃不黃藍不藍，工聯會民建聯蜀中無大將廖化當先鋒。

一個制度性悖論橫亙在公務員和建制派中間，那就是政府在選舉中必須嚴守中立，可以毫不理會建制派的輸贏，例如去年的區議會選舉如期舉行；但是，政府施政又必須建制派議員支持。於是，藍營基層充滿怨懟：為何要為這高高在上的官員打拼？事實上，夏寶龍也要在理論和實踐上回答清楚一個問題，在港獨要奪取香港的管治權之際，中央是否應該公開介入香港的各項選戰？

這正是，夏寶龍南下欲早不能還須早。

如何理解香港媒體口中的「新聞自由」和「編輯自主」？

陳建強

每個人都有自主言論的權利，但由言論的自主和自由，落實為新聞自由或編輯自由，則缺乏明確的規範，不同傳媒的報道評析和立場取態懸殊，形成各取所需、言人人殊的單向傳導和「片面的全貌」。際此「後真相時代」，輿論成為折衝博弈的其中一個主戰場，近期發生的「港台事件」和「中美輿論戰事件」，便充分體現這種不見硝煙但無遠弗屆的威力，讓人關注編輯自主的特殊作用，以及如何維護編輯自主建設性針砭時弊的初心。

無論是指點江山的大文章，還是幽默詼諧的時事小品；無論是重頭節目，還是配襯式環節，手法不同，目的相若，都是以「春秋之筆」，表達持份者的政治觀點和政策建議，協助查找和根治問題徵結，完善和提升管治質效，但因彼此的政治取向和信息掌握分處不同層面，在部分「有心人」的催策下，出現多元複雜和激蕩起伏的面向，以及一些偏見、誤解、盲點、情緒宣泄和針對性攻訐，甚至借勢推銷一己意識形態，貶斥對手及向其施加輿論壓力。

需強調，編輯自主只是個別媒體的內部管理，每一家傳媒機構都有各自的準則，亦有各自培育的意見領袖和公眾形象；至於政見表達更沒有「嚴肅」與「娛樂」之分，而只有立場和立論之別，當中既含絕對定義的編輯自主，亦有經由管理層批准和授權的編輯自主，但萬變不離其宗。

以香港唯一的公共廣播機構為例，《香港電台》的「公共目的及使命」便是必須「提供準確而持平的新聞報道、資訊、觀點及分析」，而這「編輯自主」的編輯方針，與港台的目的和使命，以及與「港台約章」的權利義務或者主從關係，引發公眾的反思和及早釐清背後因由的訴求。

第一，編輯自主是指由新聞從業員憑其專業判斷決定新聞和時事節目的取材、表達和編排的方式等，但在實踐上，這種編輯自主，往往被部分人士「騎劫」為爭取全港媒體「自主」與他們意見一致的行動，意圖形塑一個單一性的、與政府相扞格的異見聲音。

第二，港台作為公營媒體，有責任去維護全港性的整體利益，不容偏執於個別的價值判斷，更不能任由個別本港或國際力量藉資訊戰而借勢滲透、製造混亂和激化對立。

第三，嬉笑怒罵式時評，講求趣味和「貼地」，務求讓人會心微笑，但數十年不變的風格，以及收視率的幽默戲謔，能為社會爭取和優化多少權益？能完善政府的管治施政？還要一成不變？這是否符合港台的公共目的和使命？是否需要作出檢討和調整？

第四，香港是法治社會，港台容許編輯自主，並非因為所有編輯都天縱英明，決策正確無誤，而是來自工作崗位的職責性授權，唯一的權力依據是「港台約章」，並設定了四點編輯方針和指令由廣播處長以港台「總編輯」的身分統領指揮，既要依法守程序，亦需履行上級政策局的政策和指示，不存在「自由意志」和個人喜好，更不存在個別製作團隊反客為主式的權力僭越，失職就要嚴肅跟進！

第五，港台的編輯自主不應繫於個別節目或主持人身上，而應依憑我們能否建立和貫徹執行客觀公正和按專業判斷的運作體制和規章，不容偏私護短。

此外，對於中美輿論戰近日波及香港，多名美國記者被禁在內地和港澳地區從事記者工作，戰火源於美國不斷升級對中國媒體的政治性限制，繼將中國駐美新聞機構定義為「外國代理人」和「外國使團」，再變相「驅逐」中國駐美記者，赤裸裸地展示在西方價值中，新聞自由和編輯自主的「真實」定義；而內地在反制時亦強調一國兩制的規範，大家還要再自欺欺人？

疫情下，香港一群跳樑小丑的表演

陳莊勤

武漢突發的新型冠狀病毒肺炎疫情，中國政府為了內防擴散、外防輸出，果斷把人口過千萬的武漢市封城，同時亦幾乎把湖北省封鎖。疫情控制效果明顯，為中國以外國家防止疫情擴散贏取了時間。

以確診病例數字來看，在香港這次新冠肺炎疫情遠沒有二〇〇三年引致一千七百五十五人感染、二百九十九人死亡的SARS那樣嚴重。但在應對這次疫情時，特區政府採取的措施，遠比當年嚴厲。香港至三月初只有一百多個確診病例、仍沒有大規模社區擴散，但市民此次遠較二〇〇三年時恐慌。瘋狂搶購口罩、廁紙、食米的恐慌情緒相繼出現。

市民的不理性恐慌，與政府的過度緊張不無關係。農曆新年假期完結後，香港特區政府帶頭把政府停擺，關閉所有政府辦公室、法庭，以及對市民提供服務的政府窗口，直至三月初才開始逐步對市民恢復有限度的服務。並且在一些窗口實施不接受現金找贖、不發收據等嚴格措施。所有學校在農曆年假前已停課，假期後教育署再三推延復課。

如果從確診人數看，新加坡及香港兩地疫情差不多。但新加坡面積比香港小，人口也比香港少，相對來說新加坡比香港情況稍為嚴重一點。但顯著不同的是，在同一時間，新加坡政府沒有停擺、法庭沒有停開、學校亦沒有停課。新加坡總理李顯龍在疫情高峰時便表示防疫不應影響整個社會正常運作。

一群跳樑小丑粉墨登場

突發的社會危機考驗着政府的擔當，也考驗人們的質素。在香港，從這次應對疫情的表現，可以看出二者較二〇〇三年SARS時皆大幅倒退。面對疫情，號稱是最優秀的公務員，還是回復了殖民時代官員原來「少做少錯、不做不錯」的官僚面貌：「乾脆一刀切的把政府停擺，讓學校停課便是了；那樣即使疫情擴散了，也不是我的責任。」

今天的香港社會已不如SARS時那樣：即使泛民反對派如何不滿意當時特首董建華的特區政府，仍然能同心協力應對疫情。這次新冠肺炎疫情爆發，泛民反對派不但不能拋開政治分歧，支持政府應對疫情，反而借疫情搞政治操作，有理沒理地攻擊政府，處處拖後腿，不斷搞破壞。

工黨借疫情要求封關為藉口，操作內地與香港對立政治議題，鼓動組織醫管局員工罷工，意圖在最需要醫療系統正常運作時期癱瘓政府醫療系統。鼓吹「違法達義」的港大法律學者戴耀廷，在疫情中仍不忘鼓吹香港是忙於應付疫情的中國的「木馬」，伺機「屠城」。民主黨創黨主席李柱銘，亦在疫情高峰時，毫無事實根據地指特區政府在港播毒，身為一個資深大律師卻只會口號式指摘。

西貢區一班新貴泛民區議員，疫情時期關注的仍是政治操作，把二〇一九年將軍澳黑衣人暴動期間，在停車場墮樓身亡的科大學生周梓樂，以及自殺身亡的少女陳彥霖與反修訂逃犯條例拉上關係，在區議會上動議區內兩個公園和休憩處分別以兩人名字命名，作為紀念公園。這些泛民政治新貴為其政治目的，不理陳彥霖母親的公開反對，咬着人血饅頭宣揚自己的政治理念，跳樑小丑般連一個自殺身亡的人也不放過，往死者母親傷口撒鹽，實在卑鄙無恥之極。

與二〇〇三年相比，香港失去了什麼？

對任何社會來說，突如其來的災難，都是對這地方的管治與人民素質的考驗。在疫情中，湖北省民眾所表現出的高素質贏得了世衛組織專家組的高度評價。世衛中國考察專家組組長布魯斯·艾爾沃德（Bruce Alyward）說：「中國強而有力的干預措施顯著改變了疫情蔓延曲線，最讓我震撼的是，每一個中國人都有很強烈的責任擔當，願意為抗擊疫情作出貢獻。中國人民的堅韌和奉獻，極大延緩了新冠肺炎疫情的傳播。」

反觀香港，特區政府派往日本接回滯留港人的工作隊，在困難重重的環境下其實已做得不錯，但面對一些刁民般的香港記者，仍然要像犯了錯的小孩一樣懇求包容原諒，政府公權權威沒落如此，加上泛民反對派對政府施策的千般刁難破壞，特區政府應對疫情更舉步維艱。

除了要面對記者的刁難，特區政府要應對的還有一些已完全喪失專業道德的專業人士。特區政府派往武漢撤回滯留港人的包機機組人員竟然因為擔心被感染，拒絕照顧機上乘客，而要特區政府派人負責照顧。這些人的專業精神與專業道德去了哪裏？

毫無專業道德的又何止是機組人員。孔聖堂中學署理副校長何柏欣竟然在學校停課期間寫了一首十一句的藏頭詩，每句第一個字連起來是：「黑警死全家一個都不能少」，而且放在網上。令人憤怒的是香港最大的教師工會「教育專業人員會」第一時間出來為這樣有違人倫的行為護短；更令人咋舌的是，一些教師利用總部設於美國的請願網站，以言論自由為藉口為這種行為辯護，繼續蒙騙大眾。令人唏噓的是參與聯署的人不是少數，香港新一代的不專業、反智低智、有違人倫如此，香港怎還可能是一個有希望有前景的社會？

政治紛擾無絕對的對錯可言，但專業台階，有不能妥協的標準；人倫與道德，有不可逾越的底線。疫情下突顯的是當今香港一群跳樑小丑為反政府已完全思想混亂，喪失專業、道德與人倫底線。

更令人徹底失望的是，孔聖堂中學的辦學團體屈服在以言論自由為藉口的霸權惡勢力下，以這是一位飽讀詩書的校長的無心之失為理由，把他輕輕放過。就如前特首梁振英先生所說，「你相信他嗎？」

疫情下，看到的不是二〇〇三年SARS時的專業與奉獻，而是專業破落、人倫敗壞、道德無底綫。對老一輩人來說，香港變得如此陌生。就如二〇〇八年獲得了四項奧斯卡金像獎的最佳電影《老無所依》（No Country for Old Men）的劇情一樣：公權沒落，壞人橫行；罪貫滿盈的壞人最後即使受傷了，仍能一拐一拐地逃離法網。今天的香港也一樣，不斷作惡的人為他們說的「違法達義」傷害了別人，找個簡單的藉口便可以逃離法網，而且並以此自鳴得意。

對於仍樂業守法、重視專業、人倫與道德的老一輩人來說，香港已不再是他們心靈上可以依靠的地方了。

這位反對派議員，是香港精英還是政治流氓？

楊志剛

他是香港精英，貴為立法會議員和大律師，叫人三分敬畏七分仰慕。由二〇一九年十月立法年度開始至今，時間跨度逾半年，立法會內務委員會總共開了十五次會，每次九十分鐘，十五次都由他主持，十五次會議均只有同一項簡單議程：「二〇一九—二〇二〇年度內務委員會主席及副主席的選舉」。但是在這位精英大狀主持下，十五次會議就是選不出一位主席。

也並非選不出，而是乾脆不選、不投票。不選主席影響甚大，起碼令十四條法案和八十條附屬法例不能繼續其立法程序，如果繼續蹉跎，便要留待下屆新立法會上任後重新開始。但媒體一直以來沒把立法會內會停擺當作一回事，行政機關亦樂於恪守行政立法兩權分立，默不作聲，於是輿論場波瀾不興。結果要勞煩國務院港澳辦和香港中聯辦高調發聲明批評這位公民黨立法會議員涉嫌公職人員行為失當。若非兩辦發聲，我也不知原來郭榮鏗議員創下了這項不選主席的壯舉。

過去的立法會

多年前我在立法會秘書處工作，直接和議員接觸。莊嚴的議事廳內，到處飄揚着睿智的施政和財政辯論，為港人謀福祉、為香港啟民智。離開這份啟迪了我民智的工作崗位後，豐滿的得着使我一直保留對議會工作的關注。

那段日子我一有空便拋開一切，前往政府檔案處，埋頭翻閱自香港開埠以來立法會議事廳內的重要發言。那年代的發言全是英語，我經常工作至深夜，把篩選出來有歷史價值和語言文學價值的發言翻譯成中文，加上評述，打算編成中英文雙語著作。「這本書既是文學、亦是政治、亦是歷史，定必成為暢銷書」，我在夜闌人靜獨自在窗前工作時總是沾沾自喜地告訴自己。

這些書稿仍在我書架上封塵。回顧輯錄了的立法會演辭，「遠古時代」有議員於一八九三年就開發「女皇休憩場」（亦即今天維園）的發言；一八九九年就香港大規模爆發鼠疫的發言；一九〇八年反對全面禁止鴉片的發言；「中古時代」的有一九三二年全面禁娼的發言，盧文錦議員於一九三六年就撤銷對中文報章新聞管制的發言；一九三九年有關學生反日大示威的發言；一九四一年港督羅富國就香港參戰的發言；一九四七年港督葛量洪對戰後重建的發言等。

近代的有「千古罪人」彭定康就政制改革的發言；第一任特首董建華在立法會第一篇施政演辭等，是風雲時代的風雲紀錄。不論是殖民地的議會，還是回歸後的議會，都是歷史的參與者和締造者，推動社會前進。

今日的立法會

但過去十年隨着「港式民主化」的步伐急速提升，議會的素質卻急速下降。我對立法會的業餘關注先感疲憊，後感厭煩。睿智和啟迪讓路給無理取鬧，扭横折曲。立場控制了腦袋。為了選票，可以醜態百出。故此我放棄了對立法會的關注，對議事廳內發生的一切，一律視若無睹。議會的淪落，令一部歷史政治文學作品無以為繼。

但這次兩辦對郭榮鏗議員史無前例的嚴厲批評，重燃了我的好奇。立法會議員就職時要宣誓「盡忠職守」。為了弄清楚郭榮鏗議員有無盡忠職守履行議員職責，我雖然明知十五次會議都是毫無意義的吵吵鬧鬧，也只好掏出耐心，逐一回顧十五次會議的視頻紀錄。結果是呵欠頻頻，看完之後腦海一片空白。

十五次會議，每次都清楚列明只有一項簡單議程：選舉內會主席和副主席。但他就是不處理議程，而是處理其他事物。這是蓄意阻撓立會運作。有無構成「公職人員行為失當」？這是法律問題，理想的做法是對其起訴，讓法庭作出裁決。但是撇開議會，放諸任何公私型機構，他的行為毫無懸念定必構成「失職」，在私人機構，他已被撤職。

面對民情洶湧，郭榮鏗再以他的一貫專業機伶反守為攻。他曾兩度前赴美國，游說美國制裁香港；是擺明車馬叫西方國家干預香港事務，並在面書發帖，稱獲美國副總統彭斯伉儷邀請出席在他們官邸舉辦的聖誕派對。「此時語笑得人意，此時歌舞動人情」的胡蘭成式獻媚躍然紙上。

然後面色一變，義憤填膺地說中央政府的代表機關無權「干預」香港事務。上海前市長汪道涵曾經笑言我一位港大畢業的朋友說：「你們在殖民地教育下長大的，只有民族感，沒有愛國心。這是通病。」郭榮鏗明顯是既無民族感，更無愛國心。

機伶的賣弄背後是內心的虛怯。「在議會內外，想做任何嘢去恐嚇我嘅話，我可以同你講：慳啲（省省吧）！」一向以精英語言來區別自己和其他市井議員不一樣的他，居然擺出一副政治流氓腔，讓人感到三分滑稽七分鄙視。

建制派議員構思了一連串絕世好橋以盡快選出內會正副主席。這又何必。立法年還有個多月便完結，現在選不選主席亦無關宏旨。既然要流氓，就成全流氓的任務；請不要華麗轉身。整個立法年，選不出主席。讓這羞恥一幕，成為歷史小小的註腳。

反對派贈糖衣毒藥，香港犯罪年輕化

何漢權

完全屬於香港發展記憶的「歌神」許冠傑，在全球鬱悶的疫情困擾下，願意舉辦網上直播一小時的義務演唱會，按收視紀錄顯示有二百五十多萬觀眾收聽收看，我並非知音人，卻響應防疫需要，留家觀看，參與其中，未算樂也融融，但歷史真實串連，感觸點倒是不少。

《學生哥》裏的「學生哥好溫功課……咪日夜掛住拍拖」歌詞落地，香港得很，俗而勵志，三歲到八十歲，都會心微笑。但廣東口語若不翻譯成書面語，恐怕外省人不明所以；同場演唱的《半斤八両》、《同舟共濟》……響徹維港兩岸，獅子山下，對香港普羅大眾而言，是有言有聲有情的同感鼓勵，既唱出對社會的不滿，亦不忘提示做人的根本，要樂觀中奮鬥，這是上世紀七八十年代香港本土意識、本土精神暢旺的呼喚，香港是我家，不分你我他，留港建港，不到外國做二等公民的價值傳揚是清清楚楚！

但今天版的香港「本土」哪管疫情的嚴峻，政治狂飈的人仍然毫無顧忌，也毫不留情地大放厥歌，「歌神」當可被吟唱幾乎成「魔」，許冠傑的衣著被罵也是自然的了——「拿盛夏高漲的衣裳襯冬天的襌冷，不單使人顫抖，肅殺的冬天也只會令人覺得歌曲的『離地』」，留學美國耶魯民主派的青年悍將如此說，這是道道地地的胡說八道、上綱上線製造政治敵人的機械動作！

這位香港公開考試成績平平的「美國自由女神」再突兀地在網誌補上幾句：「在二〇二〇的香港，靠能力的向上流動變成親中親共的分贓犒賞遊戲，後生仔在街頭以血汗換取尊嚴的未來，所謂『團結向前』，也變成強權用來使市民噤聲的符號。」

政治陰謀，敵人滿腦，慣性謀略，說什麼都只能為我所用，自己一言一行都是革命包裹，革命必要有被革的對象，革命就是神聖，說到底，自由、法治、民主只能美國一家親，除此之外，別無分店！順我者生，自由民主才有份，否則，就會不惜用任何的手段和方法，將未經註冊認可的敵對一方，趕入專權強權的廢紙箱裏。

確實，香港近一年的過去，不少「後生仔」響應時代革命，在街頭以血汗灑地，但是否換取尊嚴，卻是各有各話，大量的年輕人衝擊法律，走上暴力違法之路，打、砸、搶、燒都有，因法律系學者說「違法達義」，所以，因着達義，尊嚴就來？

而有立法會政客美言「坐牢可讓人生更精彩」，所以被判坐牢，尊嚴的人生就更精彩？疫情繼續困擾的時候，暴力圍堵傷人依然繼續蜂擁而上，這是因為資深大律師說「暴力有時候可以解決問題」，暴力將問題解決，讓反對者噤聲之時，尊嚴一刻也就光臨頭上來！

年少輕狂，風馳電掣，青少年與成人世界互動頻繁，究竟是繼續無視險要加速走向粉身之路？抑或及早見前路放置障礙，能減速好留一條活路？還看各方所作所為，朋輩、師長、新舊媒體主事人當起着重要的作用。

自二〇一九年六月中旬社會動亂以來，由十歲到二十歲的犯案犯法的青少年已經超出四千人，數字是驚人的，完全驗證 George L.Kelling 的「破窗效應」，二〇一九年年輕人犯案的比率讓真正關心青少年成長的各界人士搖頭歎息。再看二〇二〇年一月至三月，涉及青少年暴力行劫的嚴重罪案眾多，在警方破獲的四十七宗劫案中，竟然有半數以上又涉及十三歲到二十歲的青少年，情況讓人十分憂心！為青少年憂心的，必須高聲吶喊：坐牢不會讓人生更精彩！

政治急步前行，年輕人選票優先考量，疫情過去，犯罪年輕化趨勢若然不設欄杆阻止，香港社會發展前景更暗淡。

看今天立法會、區議會，部分的議員，以及不少新舊媒體的記者，乃至一小部分教師、社工、醫生，仍然刻意不對包括一些青少年在內的、散布在港九新界各區的、頻密的違法及暴力說「不」，但卻整天尋找機會、場地，不斷在揶揄、醜化要負上阻截罪案責任的執法警察，如此這般，只能將「違法」甚至「顛覆」的思維不斷擴大，整個社會的骨髓繼續受傷移位、陷入不可救治的地步，而香港的青少年將繼續吸吮由眾多「專業人士」及政客放縱贈送的糖衣毒藥，將陷入無法自拔的殘局裏。

香港國安法幕後強調反間諜反港獨

江迅

這是「姍姍來遲」卻是「毅然亮劍」的一招。在北京舉行的十三屆全國人大三次會議，為世所罕見對國家安全「不設防」城市香港，度身訂做「港區國安立法」，立法堵塞漏洞，維護主權安全，為不平靜的香港投下一枚「超級震撼彈」，激起千重浪，更上升至中美角力、中國與西方角力層面，引發全球關注。

香港已經成為國家安全的一個突出風險點。這個風險，來自「港獨」組織和本土激進分離勢力的活動日益升級；來自反對派的「社會攬炒」、「經濟攬炒」、「政治攬炒」；來自外部勢力不斷干涉香港事務；來自「台獨」、「港獨」勢力的勾結合流。自非法「佔中」和「反修例風波」以來，他們公然鼓吹「香港獨立」、「光復香港」等主張，甚至叫囂「武裝建國」、「廣場立憲」、乞求外國勢力干預、制裁香港。

二〇一九年六月至今，香港共發生超過一千四百場示威、遊行和公眾集會，不少更演變成嚴重違法行為和暴力事件，「港獨」分子在人群中舉起「港獨」旗、美國旗、英國旗、港英旗等，明顯是分裂活動。「光復香港，時代革命」的口號，也讓「黑暴」、「港獨」和「顏色革命」的本質暴露無遺。凡此種種，無不嚴重挑戰「一國兩制」原則底線，無不對國家主權安全造成嚴重危害。近幾年來，在香港這座受西方經營百年的情報城市，西方一些國家趁機在此安插諜報力量，扶植代理人，外部勢力對香港事務深度干預，更突顯加強維護國家安全制度建設的重要性。

香港作為和紐約、倫敦、東京齊名的世界級大都市，有一個紐約、倫敦、東京卻沒有的特殊名頭：國際情報中心，被稱為「東方間諜之都」，與葡萄牙里斯本、摩洛哥卡薩布蘭卡齊名，並稱為「世界三大間諜之都」；此外，香港還與德國柏林和土耳其伊斯坦布爾，並列為「冷戰三大特務中心」。香港沒有間諜罪，是全球不多的「間諜安全港」。全世界的東西方情報部門都選擇在這座間諜之都設站，不管是情偵、交換或販賣情報，這麼多年一直很活躍。香港無疑是間諜樂土。

作為一個國際城市，香港享有獨特的情報優勢，作為全球最負盛名的自由港之一，一百多個國家和地區與香港都有免簽證或落地簽證的協議，使得各類人員到港極為便利。香港地理位置特殊，透過陸路的羅湖口岸、皇崗口岸以及水路的深圳蛇口等口岸，每日往來於香港和中國內地的各種人員數以十萬計，這其中不乏情報人員。隨着中國崛起，中國成為各方情治部門重點關注的目標，而香港作為這些情治部門進出中國內地的橋頭堡。物流人流極度發達的香港，成為它們蒐集中國情報的便利場所，香港可以接通全世界，資訊完全自由，出入境和資金往來沒有特殊管制。一些港人擁有多國護照，容易成為各國情治部門吸納對象，港人對外來事物接納程度頗高，這為各種勢力在港開展情報活動提供便利的社會空間。香港作為環球航運和金融中心、各國龍蛇混雜，有利於情治部門洗錢。發達的商業環境，為情報機構開展秘密行動披上商業外衣，各國情治部門在香港如魚得水。

多年前出版的羅亞《政治部回憶錄》、《香港絕密檔案》等讀物，對香港回歸前的諜報戰有不少記述，占士邦電影一再取景香港拍攝，並非沒有道理。美國中央情報局（CIA）長久以來在港「部署重兵」，僅美國領事館編制人員就達千人之眾，其中不少人借外交身分掩護情報工作，二〇一九年反修例運動以來，香港媒體多番揭露 CIA 在示威和暴亂中的「影子」。英國政府在統治香港期間還在香港警隊內部設立警務處「政治部」，政治部隸屬英國軍事情報局五處，收集社會主義國家情報，嚴密偵察防範「中共的顛覆活動」，香港回歸前，一批「政治部」骨幹轉至海外，九七後回流潛入香港，躋身政府要害部門和重要商貿機構，繼續蒐集情報。台灣軍情單位早年也在香港設站，有媒體披露，最多時曾有四個站，在香港還有暗藏槍支、炸藥的「軍火庫」，不過，台灣情報單位在港已撤站十多年，這並不表示台灣在香港的諜報工作虛無了。

香港沒有間諜罪

商業法律法規健全的香港，卻沒有間諜罪，在這之前沒有國家安全立法，也沒有專業反間諜機構，這無疑是不合理的法律設定。據一位法律學者說，即使在香港抓到別國情報人員，最多只是驅逐出境了事，無法在他沒有刑事犯罪的情況逮捕。港區國安立法，就等於有了間諜罪，香港情報活動將有根本性改變，香港間諜無罪的年代一去不復返。香港資深評論員陳光南認為，美國和英國是香港最大安全威脅，「港獨」勢力在外國和「台獨」勢力的支援下，已在香港推進本土恐怖主義活動，港區國安法的制定，就能粉碎外部勢力干預特區事務的陰謀，形成維護國家安全的利器。

五月二十一日晚間，十三屆全國人大三次會議議程公布，確認議程中包括審議《全國人民代表大會關於建立健全香港特別行政區維護國家安全的法律制度和執行機制的決定（草案）》。這是「一國兩制」與香港基本法發展史上的大事，也是作為「一國兩制」唯一立法者主動承擔完善特別行政區憲制秩序之責任的體現。時下，相關輿論場紛傳一本以「香港邁向明天關注組」名義發布的「法律專家香港國家安全立法釋疑二十問」的小冊子。據知，這是由中央指定相關專家學者編寫的官方背景的「二十問」，以解答港人疑慮，二十條問答題中，詳解包括遊行、示威、新聞、言論等基本權利和自由，及使用社交媒體會否受制約。

這「二十問」的第十問答是：問「為什麼說香港是世所罕見對國家安全『不設防』城市？」回答是：世界主要資本主義國家都有維護國家安全的法例。香港回歸二十三年來，卻一直沒有根據基本法的授權完成第二十三條立法。香港現行法律中雖有一些與懲治危害國家安全犯罪有關的規定，但相關法律長期處於「休眠」狀態，難以有效執行。這些導致香港在維護國家安全方面處於「不設防」狀態，使得香港危害國家安全的各種活動愈演愈烈。可以說，香港是世界範圍內維護國家安全法律制度和執行機制最不健全、維護國家安全制度體系最薄弱的地方之一。放眼世界，並沒有看到哪個國家的資本主義制度因為國家安全法被摧毀，為何香港的國安法例就能摧毀香港的資本主義制度？

來自北京的消息指，這場由國家層面推進港區國安立法，最早是二〇一九年十月末的中共十九屆四中全會明確提出的，要香港特區「建立健全特別行政區維護國家安全的法律制度和執行機制」，但用哪種方案立法，中央始終沒有定奪，多番聽取專家學者的建議和意見，直到二〇二〇年二月，才初步形成方案而最終拍板，原定在三月的全國人大和政協「兩會」上宣布，後因疫情而延後。在五月的全國「兩會」上，主管港澳工作的國務院副總理韓正會見港澳區政協委員時說，「這是中央慎重的決策，去年已決定」，用「慎重」兩字說明了決策的不易。

港區國安立法分兩步

據悉，港區國安立法基本原則分兩步：全國人民代表大會作出關於建立健全香港特區維護國家安全的法律制度和執行機制的決定，同時授權全國人大常委會制訂相關法律；全國人大常委會制訂相關法律並決定將相關法律列入基本法附件三，由香港特區在當地公布實施。

港區國安立法主要針對分裂國家、顛覆國家政權、組織實施恐怖活動、外國和境外勢力干預香港特區事務這四種嚴重危害國家安全的行為，以及組織實施上述行為的極少數人。有學者指出，鼓吹「港獨」和主張納粹、煽動民族仇恨等一樣，不屬於一般言論自由的範疇，法律需要對此規管。言論自由並非絕對，這是國際共識，二〇一九年搞分裂的西班牙加泰羅尼亞獨立運動主謀，就因煽動叛亂而被判重刑，歐盟及成員國均支持西班牙反對國家分裂的立場。

多個方案中選擇

這場港區國安立法，是在香港基本法第二十三條立法困境壓力下，可採取的多種法律方案之一，有學者指出，其他方案還有：全國人大常委會以人大釋法形式啟動二十三條；中央人民政府指令特區政府在限期內完成二十三條本地立法；將二〇一五年國家安全法直接列入附件三予以實施等。用北京航空航天大學法學院副教授、全國港澳研究會理事田飛龍的話說，「比較而言，由全國人大直接制訂適用於香港的港版國安法，注意與香港本地法律及執法程式的銜接，同時又能夠體現中央對國家安全的完整理解和制度化意圖，是最具權威性及合理性的制度路徑選擇」。

今次全國人大透過基本法附件三，直接在港實行國安立法，繞過立法會，事前沒有特別風聲。據悉，特區政府、建制派、泛民主派都蒙在鼓裏，唯有港區全國人大代表陳曼琪在全國「兩會」召開前幾天，對香港媒體聲稱早前已交中央一份議案，建議中央訂立《中華人民共和國香港特別行政區維護國家安全法》，再根據《基本法》第十八條第三款的規定，將之列入基本法附件三，可不經香港立法會審議，直接宣布在香港實施。這樣就省去了特區政府再推進「本地立法」的環節，既高效快速，又避免節外生枝。困擾北京和香港的基本法第二十三條立法問題有望盡快落實。

就在全國「兩會」召開的前一天，香港多份中資親北京媒體仍在大張旗鼓報道基本法第二十三條立法。這之前，香港各界不時發出關於二十三條立法的積極呼聲，先有立法會議員何君堯發起二百萬人聯署，後有港區人大代表及政協委員透過多種形式提出立法倡議，得到香港社會民意呼應，也得到國家高層重視和回應。

香港回歸二十三年來，由於內地長期秉持「井水不犯河水」的立場，尊重「兩制」差異多於強調「一國」，造成很多港人心中只有「兩制」而沒有「一國」、只有「自由」而沒有「義務」，甚至固化「中央不能干涉香港事務」的想法。近些年來，香港教育、法律、司法、傳媒等領域都染「毒」頗深，當下已經到了中央必須要出狠手而徹底根治的時候。

二〇〇三年香港反對派和美英反華勢力、台獨政治勢力等內外呼應，共同發起反對二十三條立法的「去中國化」事件，基本法第二十三條所規定的國家安全立法事項被嚴重污名化。二十三條立法的缺失，導致香港法律體系在國家安全層面出現巨大漏洞，這也是二〇一九年「修例風波」中，香港激進勢力敢於暴力破壞、外部勢力挑唆介入的主因之一。

在香港，二十三條立法始終曲曲折折而難以實施。有學者坦言，建制派沒能在立法會佔絕對多數，完成立法需掌握立法會三分之二的絕對多數席位，而建制派目前掌握的票數還不足以達到這個目標。二〇一九年底區議會選舉，建制派只獲得一成五議席。二〇二〇年九月，新一屆立法會選舉，從目前形勢看，建制派掌握的席位數大概會減少，屆時更難掌控三分之二多數席位。其次，建制派內部信心不足，瀰漫畏難情緒，認為「立法沒有時間表」、「有些東西急不來」、「相信今年難以完成，寄望明年」。再者，反對派必然瘋狂狙擊、全力反對。由此可見，香港社會自行二十三條立法的可能性和可行性相當低。

全國人大授權人大常委會為港區國安立法，激起泛民主派強烈反彈。民主派會議召集人、公民黨立法會議員陳淑莊斥中央「橫蠻無理」，不諮詢港人，比修訂《逃犯條例》手法更惡劣，「（中央）毫不介意讓國際見到香港已一國一制」。民主派議員舉行記者會，指稱中央要在港設立維護國家安全的相關機構，內地人員在港執法，這樣香港就是「一國一制」。公民黨立法會議員郭榮鏗預料，法案在香港將會受司法覆核等法律挑戰。

五月二十四日，多個政黨遊行到中聯辦，反對全國人大訂立港區國安法。他們表示，法例有如摧毀「一國兩制」，剝奪港人自由。新民主同盟的八名成員由西區警署遊行至中聯辦，成員之一范國威批評，全國人大直接在港區國安立法，剝奪香港的立法權，違背《中英聯合聲明》，他擔心國安法訂立後，北京會以國家安全為名，在香港大搜捕。社民連聯同工黨六人，由西營盤均益大廈遊行至中聯辦外聲討，社民連梁國雄抗議北京會藉法例以言入罪，消滅異見。

當日，被稱為「攬炒派」（與別人同歸於盡）的煽動「黑暴」再臨香江，連日催谷在港島區發起非法集會和遊行。在銅鑼灣、灣仔街頭，他們揮動英美及「港獨」旗幟，呼喊「港獨」口號，堵路、縱火、打砸交通燈和沿街商舖。一眾「黑暴」分子恐嚇無辜市民，更以私刑手段要不同政見市民「滅聲」，香港律師陳子遷在銅鑼灣阻止暴徒堵路，慘遭七八名黑衣暴徒以雨傘、球棍、路牌及拳腳狂毆，頓成「血人」，身受重傷急送醫院救治。兩名手無寸鐵的女子，挺身清理暴徒設下的街頭路障來表達對暴力不滿，由此慘遭黑衣人棍毆、扯髮、施暴。五月二十七日，香港立法會恢復《國歌條例草案》

二讀辯論，反對派與「黑暴」分子再次網絡煽暴，策劃「攬炒」，包圍立法會，繼續策動所謂「和理非」活動，有「大三罷」罷工、罷課、罷市，有「曙光行動」、「和你塞」堵塞主要幹道和過海隧道……市民紛紛盼港區國安法止暴制亂。

警方傳媒聯絡隊於五月二十四日就頻頻遭暴徒扔磚頭、擲不明液體，導致四名隊員受傷。翌日，香港警隊員佐級協會主席林志偉提到，有警務人員在銅鑼灣執法時受襲，若有人因此而被定罪，會跟管理層商討，向相關人士追究刑事以外責任。林志偉稱，周日銅鑼灣等地多人聚集及破壞，完全漠視市民生計，還發生持不同政見的人被「私了」（私刑毆打）事件，對此應嚴厲譴責。他嚴厲批評縱暴分子經常將「光復」掛在口邊，做的卻是令市民生活被黑暗籠罩的事，但他相信黑暗正走到盡頭。

港區國安立法消息傳出，一些港人頓時驚慌失措，有的籌劃移民，有的拋售股票，有的擔心無法悼念「六四」，有的憂慮上網要翻牆……這些恐慌心理，要麼是主張「港獨」的暴徒，要麼是誤解國安立法原意。那份「二十問」的第六、第八項問答，已有詳細解讀。

參加六四集會不違法

問：國安立法是否損害香港居民的遊行、示威、新聞、言論等基本權利和自由？香港居民使用社交媒體會否受到制約？

答：國安立法不會損害香港居民的各項基本權利和自由。國家安全立法只約束四類嚴重危害國家安全的行為和活動，針對的是極少數人，不會影響香港市民正常享有和行使法定的各項權利和自由。香港居民的集會、遊行、示威、新聞、言論等基本權利依然受到基本法和香港相關法律的保障。香港居民在行使這些權利時，例如參加「六四集會」，只要不實施分裂國家、顛覆國家政權、組織實施恐怖活動等行為，就毋須擔心觸犯國家安全法律。正常使用社交媒體和通訊工具完全不受影響。香港市民可以如常使用facebook、Instagram、WhatsApp等社交媒體和通訊工具，通訊自由、言論自由等權利完全可以得到保障。國安立法只針對極少數人和少數幾類嚴重危害國家安全的行為、活動，不會針對大多數公眾。

有趣的是，港區國安法條文尚未公布時，網絡上，一些「港獨」網軍紛紛退群解體，市場憂慮情緒蔓延。近日，坊間不少分析指港區國安法會觸發資金大舉外流，港人再掀移民逃亡潮，香港樓市也被看淡……不過目前並未見到這些現象，一些謠言和不實分析不攻自破。

審議港區國安法消息公開報道後，五月二十二日恒指急挫一千三百四十九點，跌破二萬三關口，雖政治因素籠罩大市，惟恒指夜期反升九十六點。市場人士分析，是日急瀉只是市場反應過敏。經周末兩日市場冷靜後，大市有所緩和，特別是地產股顯著反彈，二十六日創兩個月最大單日漲幅。港匯最新走勢也顯示並未見走資潮，五月二十五日抽高十五點子至七點七五四七港元兌一美元，繼續貼近強方兌換保證範圍。中概股掀來港上市潮，資金繼續流入。

「香港各界撐國安立法聯合陣線」連日來在全港多區設置街站發起聯署，大批市民紛紛簽名支持，短短三天，已收集到超過一百一十三萬市民參與街站及網上聯署。聯合陣線自五月二十四日發起「撐國家安全立法」簽名行動。首三日，聯合陣線在全港設置街站二千零五個，收集到七十三萬多個市民簽名，同時有四十多萬個市民參與網上簽名。

香港中華出入口商會由五月二十五日起一連七天在上環設街站簽名撐港區國安法。商會副會長兼秘書長陳勁表示，這次所見，路過市民主動趨前圍上簽名，與前幾次的簽名有所不同，大家對這一年來「黑暴」的所作所為受夠了，不再沉默。他說，全國人大會議審議港區國安法，反映了解決目前香港相關問題的迫切性，「黑暴」裏着「港獨」泥沙衝擊香港，國安立法刻不容緩。中央出手是對香港最大支持。過去一年，在外來反華勢力的支持參與下，在反對派為一己私利的蒙蔽和煽動下，香港遭到前所未有的蹂躪，恐怖主義抬頭，香港處於無政府主義的狀態，市民生命安全遭嚴重威脅，火燒活人、打砸搶商舖、遊客止步、香港失業率達十年高峰。「黑暴」要將香港變成反華勢力「顏色革命」的基地和橋頭堡，危害國家安全，破壞「一國兩制」。攬炒派和外國勢力勾結，企圖顛覆政權，出現本土恐怖主義身影，「隱患一日不排除，沒有相關法律保障，香港永無寧日」。

改變香港的好時機

正如香港專欄作家屈穎妍所說，「今次《港區國安法》將是另一次改變香港的好時機，看到反對派在驚慄、在腳軟，中央千萬不要手軟，香港人絕不害怕國安法，怕的只是心虧理虧的人。要立，就狠狠地立，嚴苛地立，不必留手，不要留情。九七回歸後國家就是對香港太有情，結果把這個愛兒縱成逆子，嚴師才能出高徒，棒下才會出孝子，來吧，還是那句，正常香港人一點都不怕國安法」。

反中亂港勢力孤注一擲，這一仗遲早要打。一年來，「黑暴」無日無之，屢禁不絕。港區立了國安法，打擊「黑暴」，打擊「港獨」，直擊幕後勢力，斬斷「黑金」鏈條。救香港，就在當下。

衝破香港暗夜的曙光

作　　者：雷鼎鳴、陳莊勤、邱立本、屈穎妍、邵盧善、楊志剛、
阮紀宏、周八駿、劉瀾昌、潘麗瓊、陳文鴻、何漢權、
陳建強、馮煒光、江　迅
責任編輯：陳文威、高山
封面設計：iStockphoto／《亞洲週刊》美術部電腦合成
美術設計：百盛達
出　　版：明報出版社有限公司
發　　行：明報出版社有限公司
香港柴灣嘉業街 18 號
明報工業中心 A 座 15 樓
電　　話：2595 3215
傳　　真：2898 2646
網　　址：https://books.mingpao.com/
電子郵箱：mpp@mingpao.com
版　　次：二〇二〇年七月初版
I S B N：978-988-8687-11-4
承　　印：美雅印刷製本有限公司
